小学1年生はなぜ椅子でシーソーをするのか

行動の背景から読み解く対応術

山崎雅史 著

明治図書

はじめに

冬でも半袖半ズボンで登校していたのは、長袖を着ると肌がチクチクするから、身軽だから、着替えが楽だから、半袖から長袖へと見た目を変化させたくないから、自分と我慢比べをしているから、声をかけてもらうきっかけにしたいから、といったところでしょうか。このようなことを考えながら、私は一年中半袖半ズボンで登校していました。

みなさんも小学生の頃を思い返してみると、よく○○をしていた、ということがあるのではないでしょうか。どうして、そのような行動をとっていたのかも思い出してみてください。いくつかの背景や理由が思い浮かぶことでしょう。

子どもの行動には、子どもなりの背景や理由があります。それは、人によって、そして時と場合によっても異なります。○○だから、と決めつけて子どもに関わるのではなく、目の前の子ども一人一人を受け止め、寄り添い、丁寧に関わることが大切です。

子どもの見方や関わり方を改めて考えるきっかけとして、本書をご活用ください。

二〇二四年二月

山崎　雅史

目次

第2章 「小1あるある」から読み解く対応術

授業

第1章

大切なのは
決めつけない指導

1

「小1あるある」には理由があった！

大人になってから小学生時代の友だちと会って話をすると、必ずと言っていいほど、当時のクラスメイトの話題になるのではないでしょうか。「○○って、よく怒られていたよね」や「○○って、いつも△△していたよね」など、思い出話が尽きることはないでしょう。当時は、同じクラスメイトの言動であったために、単純に、面白い、またやっている、うるさいという具合に捉えていたのではないでしょうか。客観的にそれらの言動を捉えようとすることはなかったかもしれませんが、教師という立場になって、それらの言動を捉え直してみませんか、というのがこの本のねらうところです。

子どもの言動には、何らかの理由や背景があるはずです。どうして○○をしていたのか、という理由や背景を理解しようとすることで、その子への対応の仕方が変わってくるはずです。その迫り方を事例とともに、考えていきましょう。

「こんな子いるよね!」

子どもの様子を観察していると、いつの時代にも同じような言動をとる子どもがいます。子どもらしいと言えば子どもらしい言動なのかもしれません。先日、大学の授業で「小学生あるある」について話し合ってもらいました。すると、学生が思い出した「あるある」のほとんどの事例について、他の学生も「そんな子いたいた」と共感していました。大学には、様々な都道府県出身の学生がいますが、「小学生あるある」について、思い出して話し合ってもらうと、「いたいた」となることがほとんどです。違う都道府県の違う小学校に通っていても、「あるある」は共通しているのです。「小学生あるある」は、時代だけではなく、地域も越えているのです。とても面白いですよね。それは子どもの言動が、日本という共通した社会の中で育つ子どもの特性として、共通しているからではないでしょうか。

「小学生あるある」について話すことは、時代や地域を越えて、多くの人が共通して話すことができる話題であることから、とても盛り上がります。しかし、教師として、このことを話す場合には、盛り上がって終わりにするのではなく、「どうして、そういった言動をとるのか」と一歩踏み込んで考えてほしいと思っています。

「なぜこんなことするの?」

子どもが他の子どもと違った言動をとったり、目立ったことをしたりしたときに、頭ごなしに指導をしていませんか。自分や人の命に関わるような場面ではもちろんそのような指導が必要になるでしょう。しかし、「あの子は○○だから」というように決めつけて、指導していることはありませんか。子どもとの関わりの中で、一人一人の特性を把握し、個に応じた対応をとることはもちろん必要ですが、自分が思っている「あの子は○○だから」はその子どもの一部にしかすぎません。より深くその子のことを理解するように努めてみましょう。

いつの時代にも、そして、どの地域にも共通した「小学生あるある」が存在するということは、ある特定の子どもだけの事象ではなく、子どもならではの考え方や行動の特性などが背景にあると考えることができるのではないでしょうか。「なぜこんなことをしているのか?」と一度立ち止まって考えてみてはいかがでしょうか。子どもには、子どもなりの理由があり、そのような言動をとっているはずです。その理由に迫ることが、子どもの理解につながり、より適切な支援や関わり方につながるはずです。

幼保から小学校への環境の変化

小1プロブレムという言葉を耳にしてから随分と時間が経ちましたが、いまだに幼保小の接続期には多くの課題が残されています。幼児期にはじめるアプローチカリキュラムや小学校入学後にはじめるスタートカリキュラムをご存知の先生はどの程度いるでしょうか。アプローチカリキュラムとは、就学前の幼児が円滑に小学校の生活や学習へ適応できるようにするとともに、幼児期の学びが小学校の生活や学習で生かされてつながるよう工夫された5歳児のカリキュラムのことです。また、スタートカリキュラムとは、幼児期の育ちや学びを踏まえて、小学校の授業を中心とした学習へ上手くつなげるため、小学校入学後に実施される合科的・関連的カリキュラムのことです（「国立教育政策研究所」）。これらの取り組みを進めるのは、幼児期から児童期へと移り変わる際に、大きな生活や環境の変化が待ち構えているからではないでしょうか。心も体も発育発達途中の子どもにとって、それだけ大きな環境の変化は、心身ともに大きな影響を及ぼすことが容易に想像できます。

環境が変わるときには、楽しみや希望がある一方で、不安や悩みが付いて回るものです。その不安や悩みが原因となり、とってしまっている言動もあるのではないでしょうか。

家庭生活の影響

こども園に通う幼児の家の外にいる時間は、平均7時間42分という調査結果があります（[2]ベネッセ教育総合研究所、2023）。この時間は、これまでの同調査結果よりも増加しています。この結果から、睡眠時間を除けば、家庭で保護者と一緒に生活をしている時間は少しずつ短くなっており、それほど長くないことがわかります。しかし、子どもの様子を観察していると、保護者のしつけや家庭環境の影響が、子どもの言動として表れていることがわかります。家の外で生活をする時間が長くても、家庭生活の影響が子どもの言動に表れているということは、それだけ家庭での影響は大きく、家族の関わり方が重要であると捉えることができます。また、子どもは当然のことながら、保護者に育ててもらっています。一年生の場合、子どもの準備を保護者がしたり、手伝ったりすることも多いでしょう。入学直後は、我が子のことが心配で、慎重になる保護者も多いです。そのこともあり、保護者の影響が子どもに表れやすい時期であると言えます。

では、次のページからは小学校生活を送っているとよく目にする実際の事例をもとに、子どもの背景を考えていきましょう。

2 なんで答えられないのに手を挙げるの？

事例1

自分から挙手をしているのに
指名されたら「忘れました」

GIGAスクール構想により、1人1台の端末が配置され、個別最適化が進められてはいるものの、小学校では、教師が学級全体に話をしたり、説明したりする一斉指導が多いのではないでしょうか。「○○についてわかる人?」や「○○についてのあなたの考えは?」などのように、学級全体に質問した際に、子どもがそのことに関する質問や自分の考えを口々に話すと、収集がつかなくなります。そこで、子どもが何か話をしたいときには、手を挙げて指名されてから話すという方法がとられているのでしょう。集団で話をするときには、小学校のみならず、大人の世界でも同じではないでしょうか。

しかし、小学校では、いざ指名をされ、自分が話してもいい場面になると「忘れました」と言う子どもがいます。話したいことがあって手を挙げ、そして、話すチャンスがきたのに、とも思いますが、この言動は小学生あるあるなんですよね。一度のみならず、何度もこのような言動を目にしているのではないでしょうか。特にこのような言動は低学年に多いのではないでしょうか。では、この言動にはどのような背景があるのか考えてみましょう。

背景1 本当に忘れてしまった

小学一年生は小学生とはいえ、まだまだ幼い子どもです。気になることがあればそちらに注意が集中しますし、周りの状況を把握するのが難しく、自分の世界に入り込んでしまうことも多いです。一年生になってすぐの場合、教室での生活が始まったばかりで、全てが新鮮で、何もかもが新しいことなので、周りの環境が気になることばかりなのです。教師の話を聞いたそのときには、言いたいことを思いついて挙手をしたものの、ちょっとの時間でも忘れてしまうことがあることを理解しておきましょう。

子どもは些細なことが気になります。例えば、隣の席の子どもの動きや発言、黒板の近くに掲示されている掲示物、運動場や廊下から聞こえてくる物音、鉛筆や消しゴムなどの自分の持ち物、教師の動きなど、その場で進行していることが気になっている場合があります。また、その日の朝の家庭でのやりとりや、給食のこと、放課後のこと、休みの日のことなど、過去のことやこれからのことが気になっている場合もあります。集中が途切れると、様々なことに気をとられる可能性があるということです。このようなことから、言いたいことはあったが、何かが気になり忘れてしまうケースがあるのです。また、多くの子どもが挙手をしていて、なかなか自分を指名してもらえずに、人の話を聞いているうちに忘れてしまった、なかなか指名してもらえないので違うことを考えてしまい、いざ指名されると何のことだったか……という具合に忘れてしまっていることもあるでしょう。

では、どのように対応すればよいでしょうか。まず、自分の考えをノートに書くことです。はじめのうちは書くことに時間がかかるかもしれません。でも、自分の考えをノートに書くことは、忘れないようにするだけではなく、自分の考えを整理することにもつながります。書く時間を確保して自分の考えをノートに書く活動を取り入れてみましょう。また、子どもが気になりそうな掲示物は極力減らすか、授業中に視界に入らないところに掲示するようにしましょう。掲示できる場所は教室や学校によって異なりますので、それぞれの工夫が必要になります。しかし、黒板や黒板の近くは、授業中も視界に入りやすく、子どもが見ている可能性があると認識しておくことが大切でしょう。

背景2　なんでも自分でしたい

　なんでも自分が一番にやりたいという思いを強く持っている子どももいますよね。「先生、はい、はい、はい、はい」と大きな声で、先生を呼び続ける子どもの姿が思い浮かぶのではないでしょうか。教師が聞いている内容について答えたいというよりも、自分でやりたい、自分が言いたいという意識が強いのでしょう。挙手をする場面では、常に手を挙げているという状況です。指名されて話す内容よりも、挙手をすることに意識がいっているため、いざ指名されると何を言うのかを忘れてしまった、となるのでしょう。また、そもそも自分の話す内容を十分に考えられていなかったということもあり得ます。それを「忘れました」という言葉で表現しているのかもしれません。

　では、このような場合、どのような対応が考えられるでしょうか。まずは自分で考える時間を確保することです。早くやり遂げることや、早く答えることに価値づけをせず、しっかりと自分で考える、そして、その考えを書く時間を確保し、その取り組み方を価値づけることで、このような問題は解消されるでしょう。また、自分でやりたいという意識が強い子どもの場合、全体の場で発表をするだけではなく、隣の席の人に話すだけでも満足する子どももいます。自分の考えをとなりの席の人に説明をする活動や、グループの人と交流する活動などを取り入れ、そのための活動時間を確保することも効果的でしょう。また、GIGAスクール構想により、1人1台の端末がありますので、それを活用し、一人一人の考えを記入し、共有するという方法もとれるでしょう。文字入力に時間がかかる場合は、手書き機能を用いたり、ノートに書いた自分の考えを、写真で撮って提出したりするという方法もとれるでしょう。なんでも自分でやりたいという意欲は素晴らしいことです。その意欲を持たせ続けながら、子どもの欲求を満たすような関わり方ができるといいですね。

背景3

間違っていることに気づいた

挙手をするということは、自分の考えをみんなに伝えようとすることです。一年生の場合、「手がピンと伸びていて、いいね」や「すごくいい姿勢で手を挙げているね」などの声をかけると、発言する内容よりも、先生に褒めてもらえる手の挙げ方をしようと意識が変わっていきます。さて、そうこうしているうちに何人かが指名され、発表が続いていくうちに、自分が話そうとしていたことは、ちょっと違うかもしれないと不安になってくる子どももいます。そんなときに指名されると、自分の話す内容に自信がなくなっているため、言おうか言うのをやめようか迷って、黙ってしまったり、もともとの自分の考えとは違う、友だちがさっき言っていた内容と同じことを言ってしまったりする子どももいます。また、不安になったあげく、「忘れました」と言ってしまって

いる子どももいるかもしれません。

　そのような場合、自分の考えを先にノートに書いている場合は、ノートを隠すような素振りを見せたり、消しゴムで書いた文字を消していたりすることがあります。それらの行動を見守りつつ、発表しようとしていた行動を評価してあげましょう。また、机間指導をしているときに、子どもがノートに書いている内容を見ながら、指名する順番を決めておくこともできるでしょう。さらに、間違ったことを言ったときに、その考えを認め、受け入れることができる子どもを育てること、そのような雰囲気のある学級経営をすることはもちろん重要です。でも、子どもからするとやっぱり間違ったことは言いたくない、間違って恥ずかしかったと思う子どももいるはずです。算数の問題の答えのように答えが一つの場合は発表できるのに、自分の考えや考え方を発表するのは、自信がないという子どもが多いのも、このような理由からでしょう。低学年のうちから、自分の考えを発表することや、考えには多様性があることを価値づけながら、授業を展開することで、子どもの価値観も変わってくるのではないでしょうか。

小学生あるあるの中でも代表的な事例として、「自分から挙手をしているのに指名されたら『忘れました』」について、考えてみました。授業中であれば、授業を進めなければならないことから、子どものこのような言動について、どうしてこの子はよく忘れてしまうのかと、ゆっくり考えることはほとんどないでしょう。でも、今、改めて考えてみると、その子が「忘れました」と言ってしまった背景について、いくつかの理由が思い浮かんだのではないでしょうか。ここでは、3つの背景について紹介し、詳しく説明してきました。

背景1　本当に忘れてしまった
背景2　何でも自分でしたい
背景3　間違っていることに気づいた

しかし、「忘れました」の背景にあるのは、これらだけではないはずです。思いつく背景を是非、書き出してみてください。このように考えていくと、子どもの言動には全て何か理由があることがわかります。では、次の事例にいきましょう。

3

なんで倒れるとわかっているのにまたやるの？

事例2

椅子に座るとすぐに
ぎっこんばったん

きちんと両脚を床につけて座って授業を受けはじめたはずなのに、気づけば椅子の後方の2本の脚を支点にして、シーソーのようにぎっこんばったんとしながら授業を受けている子ども、いますよね。この動きもよく見てみると、いくつかのパターンがあります。前を向いて座ったままシーソーをしている場合、上半身だけ隣の席の人の方へ体を捻ってしている場合、上半身だけ後ろの席の人の方へ体を捻ってしている場合などがあります。前を向いている場合を除いて、相手がいて、その相手と何かをしようとしたり、その相手に何かをしようとしたりしていることがわかります。

教師が気づいて注意をする前に、子どもがバランスを崩し、後ろへ転倒する場合もあります。集中して授業を受けている子どもにとっては、急に大きな音が鳴るので、ドキッとして、とても迷惑です。また、椅子の脚に過度な負担がかかり、脚が曲がって故障の原因にもなります。転倒した本人が、頭部をぶつけたり、手を捻挫したり、腕を打撲したりなど、安全面を考えても危ないので、やめてもらいたいですよね。

このような行動をとってしまう子どもは、そこで何をしているのでしょうか、また、なぜしてしまうのでしょうか。その背景や理由を考えていきましょう。

背景1

授業が面白くない

子どもは、自分に興味があることや面白いこと、楽しいことには夢中になります。何かに夢中になり、周りの状況が見えなくなっている子どもを見ることも多いのではないでしょうか。でも、逆に夢中になることがなく、退屈していれば、注意は様々なところに向けられます。友だちの様子を見たり、掲示物を見たり、文房具で遊んだり、ノートに落書きをしたりという具合です。さらには、近くの席の友だちに話しかけたり、ちょっかいを出したりする子どももいるでしょう。

このように子どもが退屈しているときの行動の一つに椅子でシーソーが挙げられます。授業中、授業に夢中になっておらず、退屈をしているから椅子でシーソーをしている可能性があります。椅子でシーソーをしている子どもだけではなく、他の子どもはどのような様子で授業を受けていますか。椅子でシーソーはしていないにしても、手遊びをしたり、文房具で遊んだりしているということはありませんか。授業中の学級全体の様子を意識して把握するように努めてみましょう。気になる子どもの行動にばかり意識が向き、全体の様子を見ていない可能性があります。そして、何よりも自分自身の授業に一度目を向けてみましょう。子どもの実態に応じた工夫をしていますか。楽しく学べるような工夫をしていますか。

では、どのような対策が考えられるかというと、やはり授業改善です。特に一年生の場合、幼児期との接続期であると捉えると、遊びや体験を通した学びという視点が重要になります。授業の中で、体を動かしたり、何かを作ったり、友だちと話したりというような活動を取り入れることで、理解が深まりやすくなるだけではなく、子どもの興味関心を持続させながら学習を進めることができるでしょう。幼児期との接続期にあたる一年生だからこそ、学習規律を身に付けさせながら、楽しく学べる工夫に重点を置いて、授業改善に取り組んでみてはいかがですか。

背景2 じっとすることが苦手

子どもがどのような気持ちでそのような行動をとっているのかを考える場合には、やはり一度自分でやってみることが重要です。教師になってから椅子でシーソーをしたことがある人は少ないのではないでしょうか。是非一度やってみてください。そして、子どもがやってしまう原因を考えてみてください。椅子でシーソーには、何らかの魅力があるのではないでしょうか。体重を後方に移動し、二本脚になったところで、バランスをとることを楽しんだり、どれくらいの時間二本脚でキープできるのか挑戦したり、少しでも前後に体が動かすことで、感覚に変化が生まれ、それを楽しんだりしているということもあるでしょう。このような行動をとりながら時間が経過するのを待っているのです。これらの魅力に自分の授業が負けていると考えると悲しいですよね。

一方で、発達特性からじっと座っていることが苦手な子どももいます。その子の場合、動きたいという衝動を抑えながら、なんとか椅子に座っていると捉えることもできます。そう捉えると子どもへの見方や声かけも変わってくるのではないでしょうか。周りの子どもと比べるのではなく、以前のその子と比べてどうなっているのか、ということを評価し、価値づけて声かけを続けることで、その子の行動もきっと変わってくるでしょう。また、教師は子どもを指導する場合、子どもの行動変容を期待します。しかし、指導後すぐに行動変容する場合は少ないです。子どもの成長を長い目で見て、指導を続ける必要もあるのではないでしょうか。

45分間の授業を繰り返す生活は、幼児期には経験していません。この生活環境の変化に無理なく慣れさせていくには、やはり45分間の使い方を工夫する必要があります。話し合う活動をする場合には、椅子や机を動かしたり、体の向きを変えたりしてから行わないと、上半身だけを捻って話そうとし、その姿勢が原因で、椅子でシーソーをしてしまう場合があることも認識しておきましょう。

背景3

椅子の高さが合っていない

椅子でシーソーをしている子どもの机と椅子の高さを確認してみてください。それは、子どもの姿勢と机と椅子の高さには関係があるからです。姿勢が崩れている子どもに対して、きちんと座りなさいと指導することがありますよね。もちろん必要なことですが、そもそも机と椅子の高さは、その子どもに合っているのでしょうか。よく何年生は、机の高さはこの高さです、椅子の高さはこの高さです、と決めて机と椅子を配置している教室を目にします。確かに目安とする一定の基準は必要だと思います。しかし、子どもが集中して学習に取り組むためには、微調整も必要なのではないでしょうか。もちろん校内にある机と椅子の数には限りがありますから、全員に丁度いい高さの机と椅子を用意するのは難しいかもしれません。ですが、子どもは学校で、多くの時間をその机

と椅子を使って学習を進めるのですから、手間かもしれませんが、子どもに合った机と椅子の高さを整えてあげるように努めましょう。

このような視点から、子どもの様子を見てみましょう。机や椅子の高さが合っていない子どもは、授業中どのような姿勢で授業を受けているでしょうか。これまでただ単に、授業中の姿勢が悪いと思っていた子どもも、ひょっとすると机の高さが低かったからや、椅子の高さが低かったからなのかもしれないと考えることができるのはないでしょうか。また、椅子でシーソーをよくしている子どもは、机の高さも椅子の高さも高かったからなのかもしれません。そう考えると、実は椅子でシーソーをやりやすい高さがあるのかもしれません。是非、先生自身が、様々な椅子の高さでシーソーをやってみてください。そして、やりやすい椅子の高さと座っているときの脚のつき方などを観察してみてください。その結果は、子どもの机や椅子の高さの調節に生かすことができるのではないでしょうか。

2つ目の事例は「椅子に座るとすぐにぎっこんばったん」でした。この行動も小学生では、かなりの頻度で見られる行動ではないでしょうか。今回紹介した背景は次の3つでした。

背景1 授業が面白くない
背景2 じっとすることが苦手
背景3 椅子の高さが合っていない

現在、各小学校では、主体的・対話的で深い学びを実現するための授業改善が行われています。これまで以上に、子ども同士が話し合って、学びを深める機会が増えているのではないでしょうか。話し合いをしているときの体の向きを見てみましょう。しっかりと時間を確保している場合は、机や椅子、体の向きを変えて話し合っています。でも、短時間での話し合いとなると、特に指示がなければ、机や椅子の向きはそのままで、上半身だけを捻って話し合っている子どもも多いのではないでしょうか。その姿勢が原因で、椅子でシーソーをしてしまう子どももいるのです。では、次の事例にいってみましょう。

4

なんで誰も聞いていないのにアピールするの？

事例 3

問題ができるとすぐ「終わりました！」

「教科書○ページの練習問題をノートに解きましょう」や「ひらがなの練習を5回、丁寧に書きましょう」など、一人一人が課題に向き合う活動は、どの教科でもあります。集団で生活をし、みんなが同じ課題に取り組んでいると、終わるタイミングにどうしても個人差が生じます。得意な子は早くでき、苦手な子は時間がかかります。丁寧に取り組む子は時間がかかりますが、雑に仕上げる子は早く終わります。また、そこには、早く終わらせたいという感情が含まれることもあります。個々に課題に取り組む活動では、みんなが同じタイミングで終わることはあり得ないのです。

「では、はじめましょう」という教師の合図のもと、子どもは自分の課題に対して集中して取り掛かります。というのが、小学校でよくある場面でしょう。そんなとき、急に大きな声で「終わりました」や「できました」と言う子ども、いますよね。周りの子どもたちは、集中して課題に取り組んでいるため、ドキッとしたり、びっくりしたりしますよね。みんなが集中して取り組んでいる中、この子は、どうして、「終わりました」や「できました」と言っているのでしょうか。この言動の背景を考えていきましょう。

背景1

できることをアピールしたい

個々に課題に取り組んでいるとき、多くの場合、みんなが静かに集中して取り組んでいることでしょう。そんな中、課題が終わった子が「できました」や「終わりました」と声を出すと、その声が教室内に響き、とても目立ちます。この目立つということをねらって、言っている可能性があります。自分はもうできたんだということをクラスのみんなにアピールしたいのでしょう。その声を聞いて「早い」や「すごい」という声を他の子が出したときには、終わった子にとっては、とても嬉しく、自信がつきます。意識せずについこぼれてしまう「早い」や「すごい」はその子の本音ですからね。

このように、終わったことを伝えたときに、その言葉に反応し、褒めてくれる人がいれば、この言動は繰り返し行われるでしょう。でも、集中して取り組んでいる子の中には、このやり取りでさえうるさく聞こえ、静かにしてほしいと思っている子がいることも確かです。課題をするために確保している時間なのですから、その空間はみんなのために守る必要があるでしょう。

では、このような場合どのような対応が考えられるでしょうか。「できました」や「終わりました」と声を出す子どもは、その結果を褒めてもらいたい、褒めてもらえると思っています。もちろんできたことを褒めてあげることも大切ですから、そばに行き、小さな声で褒めてあげましょう。でも、早くできることに価値づけをするのではなく、一年生のうちは、鉛筆の持ち方や座っている姿勢、取り組み方などにも価値づけるような声かけを普段からしていくとよいでしょう。課題ができたという結果だけを評価していくと、とにかく早く仕上げようとし、字が雑になったり、正確にするよりも雑に仕上げる子どもが増えたりします。低学年のうちは特に褒められたいという思いが強いため、褒めるときはみんなに聞こえるように褒めると、どんどんその行動が広まっていくでしょう。ということは、早くできたことをみんなの前で評価すると、早く仕上げることがいいんだと学習させてしまうのです。

背景 2

どんどん次のことに取り組みたい

一年生は、小学校に入学すること、小学校に通うことを楽しみにしている子どもが多いです。小学校で楽しみなことや頑張ることは、という質問に、「みんなで勉強をすること」や「勉強を頑張りたい」と答えている姿を目にしたことがあるのではないでしょうか。学習に対して意欲的な子どもが多いということです。ですから、一つの課題が終わったら、次の課題は何なのかを知りたい、早く次の課題をやりたいという気持ちが強く、「終わりました」や「できました」という言葉を発しているのかもしれません。一つの課題ができたことに対する達成感や満足感を子どもは感じ、そして次の課題に挑戦したい、もっとやりたいという意欲へとつながっていく、学習に対する好循環ですよね。この好循環は断ち切らずに、是非、持続させたいですよね。

では、このような場合どのような対応が考えられるでしょうか。一番わかりやすい方法は、課題が終わった後にすることをあらかじめ伝えておくことです。これはその都度伝えるのではなく、決められた課題が終わった後には、この課題に取り組むというように教科ごとにあらかじめ設定しておくという方法です。そうすることで、「終わりました」という言葉を発さずに、子どもは主体的に、次の課題に取り組み始めるでしょう。今の小学校現場では、ＩＣＴ機器が1人1台配置され、様々なコンテンツも利用できるようになっています。自治体によって、利用しているアプリやツールは違いますが、以前よりも個別最適な学びが進めやすくなっていることは間違いないでしょう。それらを活用するとよいでしょう。教師は、はじめの課題ができたという結果を評価するのではなく、課題が終わって、次の課題に主体的に取り組んでいる行動を評価し、価値づけることで子どもの言動も変わってくるでしょう。

背景3

達成感から出た一言

課題に集中して取り組んでいると、時間を忘れてしまうことがあります。そして、課題ができ上がると、ふと「できた」と声をあげることありますよね。課題ができた達成感から出る言葉です。課題に対して、真剣に、そして集中して取り組んでいる子どもほど、このような声の出し方をします。普段の子どもの様子を観察していると、このように声を発する子どもは、その都度その都度、声を発する子どもではないことが多いでしょう。課題をやり遂げたことを評価してあげましょう。子どもも大きな声で「できた」と言わずに、周りへの配慮をしながら、小さな声でふと漏らした言葉ですから、教師もみんなに聞こえるように評価するのではなく、その子の近くへ行き、小さな声でそっと評価してあげるとよいでしょう。

このような言動は特に問題はありません。周りの子どもの活動へ影響を与えることもないでしょう。課題ができたことを評価し、そして、次の活動へと促すとよいでしょう。また、大きな声を出さずに、周りの子どものことを配慮して声を発していることや、集中して課題に取り組んでいる姿勢も併せて評価し、価値づけることで、その子にとって、そして周りの子にとってもよい影響を与えるでしょう。子どもは自分も褒められたいために、クラスメイトが褒められている様子もよく見ています。学級全体に聞こえるように褒めることもそうですが、個別にそっと褒めることも、子ども同士が高め合う学級づくりや子どもと先生との関係づくりに役立ちます。そっと褒められると、自分だけが知っているというような特別感を覚えますよね。みんなの前で褒められることが恥ずかしい子どももいます。子どもの特性や、学級への影響力なども考えながら、様々な褒めパターンを試してみるとよいでしょう。

3つ目の事例は、「問題ができるとすぐ『終わりました!』」でした。

背景1　できることをアピールしたい
背景2　どんどん次のことに取り組みたい
背景3　達成感から出た一言

右の3つの背景について、説明してきました。

他にも、次にやることについての指示を待っているということも考えられます。一年生の場合、自分でやることを考えて行動する場面が少ないのでしょう。家庭でも、「○○しなさい」と言われてから行動したり、一つ終わったら、「次は○○をしなさい」と言われたりしているのでしょう。誰かの指示を聞いてから行動をするという習慣が身に付いている、また、これまでの生活で身に付いてしまったとも考えられるでしょう。そう考えると、次の指示を聞くために、「できました」と伝えている可能性もあります。何事も自主的に取り組んでほしいと思う一方で、このような実態があるのかもしれません。子どもの成長を長い目で見て、自主的に取り組めるような関わり方を進めていきたいですね。

5 よくある子どもの背景パターン

ここまで3つの事例をもとに、それぞれの背景について考えてきました。各事例について、3つずつの背景について、詳しく説明してきましたが、みなさんは読みながら、いやいやこんな背景があるのではないか、こっちの方が背景として大きいのではないかと思う事例もあったのではないでしょうか。ご自身のこれまでの経験などから、考えられる背景も違ってくると思います。しかし、子どもの様々な言動の背景を考えていくと、共通する背景があることにも気づきます。子どもが意識しているか意識していないかは別として、全ての子どもの言動には、何らかの背景があると言っても過言ではないでしょう。その背景は子どもによって様々ですが、いくつかのよくある背景パターンも見えてきます。よくある子どもの背景にはどのようなものがあるのか、ここでは、４つの背景について紹介します。

褒めてほしい

人に褒められて嫌な思いをする人はいないでしょう。大人になっても、人に褒められると嬉しくなります。特に小学校生活スタートの年である一年生では、新たな環境で勉強や遊び、友だちづくりなど、様々な場面で頑張ろうと高い意欲を持っている子どもが多いです。小学校ではじめて関わる担任の先生に、自分のことを知ってもらいたい、認めてもらいたい、褒めてもらいたいという意識も当然強く持っています。

そのような思いから先生にアピールをする場面がたくさん見られます。何かお手伝いをしたときに、自分から「〇〇しました」と報告に来る子がいるぐらいですからね。はじめのうちは、褒めてほしいから〇〇するという行動ももちろん必要でしょうが、自分のために、誰かのために、面白いから、知りたいからという理由から行動するように、動機をシフトさせる価値づけを行いながら、子どもと関わるとよいでしょう。

褒めてほしくて報告する子

目立ちたい

小学生あるあるに関する言動は、そもそもその子どものとる言動が注目されるので、どうしてもその子自身が目立つことが多いです。それを望んで、あるある行動をとり、クラスメイトから注目されたい、みんなよりも目立ちたいという子どもがいるということです。しかも、あるある行動をとった後のクラスメイトや教師の反応が本人にとって、喜びや嬉しさ、楽しさを感じるものであった場合、その言動を繰り返し行うようになります。繰り返し行ってほしくない言動のときは、その言動には反応せず、評価しないことが大切です。

低学年の子どもは、何でも自分でやりたい、自分で言いたい、というように自分が自分がという言動が目立ちます。でも、それは人の成長過程においてとても重要なことです。その主体的で意欲的な部分は継続して持ち続けられるように、評価し、価値づけるような関わり方をするようにしましょう。

目立ちたくてアピールする子

家庭生活を反映している

小学生のうちは、保護者の考え方や、家庭生活の影響が学校生活においても大きく表れます。特に一年生では、これまでの幼児期から大きな環境の変化があるため、慎重になっている保護者も多いことでしょう。しかし、既に兄弟が小学校に通っている保護者は、小学校生活がどのようなものであるかを把握し、学校生活に必要なものと不必要なもの、提出物も期限を守らなければならないものや多少の猶予が認められるものなどの分別が、良くも悪くもつくようになっています。また、小学校に入学したことを期に、全てを子どもに任せようとする保護者もいます。各家庭の考え方次第なので、そこを否定するつもりはありませんが、子どもに任せっきりにして、保護者は確認もせず、忘れ物をしたり、体操服や給食エプロンを汚れたまま使用していたりすることもあります。このように、全てを自分ですることができない低学年においては、特に家庭生活を反映した言動をとっていることが多々あります。

環境に慣れていない

幼児期の生活と小学校生活とでは、いくつか大きく違うところがあります。その一つが一日の行動が時間割によって決められているところでしょう。授業時間は45分と決められていることや、休み時間、給食時間、清掃時間と全て分刻みの時間で制御されています。このような生活は、入学後になって初めて経験します。教師は、自身の子どもの頃の経験や教師として小学校で生活をしていることから、この時間割で制御されている学校生活は当たり前になっていますが、入学したての子どもはそうではないと理解しておくことが重要になります。二つ目は、椅子に座って活動している時間が圧倒的に長くなることです。幼児期は遊びを中心とした活動を行っていることから、歩いたり、立って作業をしたり、自分のタイミングで移動することができる場面が多くあります。しかし、小学校では、多くの時間を椅子に座って過ごすことになります。活動をするにしても椅子に座って活動をすることが多いため、そのことにも子どもは、慣れなければなりません。幼児期に子どもがどのような園生活を送っているのかを知ろうとし、その生活との違いから子どもへの関わり方を考えることも大切なのではないでしょうか。

6 見とる眼の養い方

これまで3つの事例の背景について考え、そして、よくある子どもの背景パターンについて述べてきました。ここで少し補足をしておきたいのですが、よくある背景パターンとして、4つ紹介しましたが、これらはあくまで筆者が読者の先生方にお伝えしたいパターン例として紹介させていただきました。ですから、これらが統計的によくあるというものではありませんので、先生方が実際に子どもと関わりながら、その子の背景を探っていただければと思っています。

さて、子どもの言動には、何か理由があったり、背景があったりします。そして、その背景は子どもによって異なります。同じ言動をとっている子どもがいても、背景は異なっている可能性があるということです。教師がその背景を理解できるのと、理解できないのとでは、子どもへの対応の仕方は変わってきます。教師は子どもの行動を見て、指導をし、子どもの反応やその後の様子を観察して、どのような関わり方がその子に合っているのかを判断しているのではないでしょうか。子どもの背景を理解した上で、関わった場合は、子どもも納得していたり、教師に対する信頼感を高めたりするはずです。しかし、背景を理解せずに教師の思い込みで指導をしたり、関わったりすると、教師と子どもとの関係が悪化してしまいます。だからこそ、子どものとった言動の背景を理解した上で、より子どもに寄り添った指導や関わり方を展開することが重要になってくるのです。そのためにも子どもの行動の背景を見とる眼を養いましょう。ここでは、そのポイントを5つ挙げます。

- 「どうして？」と自問自答する
- 一連の流れを把握しようとする
- 普段の言動を意識して観察する
- 思い浮かべる
- しばらく様子を見る

これまで以上に子どもに寄り添った対応を身に付けるためにも一緒に考えましょう。

「どうして？」と自問自答する

　子どもの背景を考える際、やってはいけないことは、「あの子は○○だから、△△をする」と背景と行動を教師の思い込みで決めつけることです。もちろんこれまでの教師生活の経験から、そのように思うこともあるかもしれません。その子がとった行動の背景の一つの可能性として、思い浮かべることは重要です。でも、それが本当の背景なのかどうかは、わかりません。教師経験が長ければ長いほど、多くの子どもと関わり、様々な関わり方をしているがために、子どもの言動の背景を思い込みで決めつけてしまうことがあるかもしれません。これまでの教師経験が、目の前の子どもの本当の背景を見えなくしている可能性があるということです。本当の背景に合った関わり方ができないと、一時的な関わり方になってしまい、その教育的な効果は持続しませんし、子どもと先生との関係も悪化していくことでしょう。効果的な指導や関わり方をするためにも、その子どもがとった言動の本来の背景を読み取り、子どもとのよりよい関係を築きながら関わりたいですね。

　そのために重要なことは、やはり、「どうしてそのような言動をとっているのか？」と自問自答し、様々な可能性を考えることです。子どもに理由を聞き、子どもが正直に話してくれれば、それで背景はわかるのですが、そのような機会を持つことができなかったり、子どもが本当のことを話してくれなかったりして、把握することができない場合もあります。また、背景について、子ども自身が話したくない、話せない背景を抱えている子どももいることを忘れてはなりません。だからこそ、教師は自問自答し、子どもに関わり、思いつく可能性を探りながら、子どもに関わり、子どもの反応を確認することが大切になってきます。関わり方によって子どもの反応は明らかに違いますからね。

みんな違っていいんだよ、と指導しながらも、これまで関わってきた誰かと重ね合わせて子どもを見てはいませんか。

子どもの言動から背景を自問自答する

一連の流れを把握しようとする

教室には多くの子どもがいます。教師は一人の子どもをずっとは見てはいられません。仮に一人の子どもをずっと見ているとなると、他の状況を把握できずに、そちらへの対応が疎かになってしまいます。だから、教室全体の様子を把握しながら、一人一人の子どもの様子を把握しようと努めなければなりません。これは実はとても難しいことです。授業中や休み時間など、何かをやりながら、別のことへも意識を配るということだからです。でも、この力は教師としてとても重要なので、是非先生方には引き続き磨き続けてほしいと思っています。

さて、そのような状況の中で、子どもが席を立ち歩いたり、大きな声を出したりした場合、教師はその言動をとった理由を抜きにして、その言動に対して指導をしてしまいがちです。理由を抜きにしてというよりも、理由を把握しようとせずに、の方が適切かもしれません。例えば、子どもが席を立ち歩いたのは、ただ消しゴムが机から落ちて転がり、それを拾いに行っていただけかもしれません。このような状況で、立ち歩いたことを指導されると、子どもからすると、消しゴムを拾いに行っただけなのに、どうして？　という気持ちになるのも当然でしょう。このようなことが続くと、教師と子どもの信頼関係を築くのが困難になるでしょう。

この例では、立ち歩いた行動の理由を探るためにも、その行動を見届けて、理由を把握しようとすると解決されます。この場合は、消しゴムを拾って席に戻るでしょうから、転がった消しゴムを拾いに行っていたことを把握することができ、何事もなかったかのように過ごすことができます。これまでも述べてきましたが、子どもの言動には背景や理由がありまます。それを探るためには、その言動の前後の様子を把握するとわかることがたくさんあります。

全体の様子を把握しながら、一人一人の子どもを見なければなりませんから、一瞬一瞬の全員の行動を把握することは不可能です。しかし、前後の行動も含めた一連の行動として捉えようとすると、多くの子どもの様子を把握することができるようになります。どうしても起こった行動や発した言葉に注目をしてしまいがちですが、その前後の様子も含め、一連の行動として把握しようと努めてみてください。きっと子どもの見え方が変わってくるはずです。

普段の言動を意識して観察する

子どもの様子を観察していると、授業中の様子と休み時間の様子がほとんど変わらない子どももいれば、全くと言っていいほど変わっている子どももいます。それは子どもなりに何らかの考えがあって、そのように振舞っているのでしょうからとやかく言うことではありません。そのままの姿をそのまま受け入れることが大切でしょう。このように子どもの様子を観察していると、子どもの普段の様子をある程度把握することができます。この普段の様子を何となく把握しておくことが、普段との様子の違いを発見するときには重要になります。

低学年の子どもは、普段の様子との違いを表情や行動、言葉で表出しやすいです。何か嬉しいことがあったり、家庭で嫌なことがあったり、不安なことがあったり、褒めてもらいたかったりと、その時々の状況が、行動や言葉となって表出します。そんなとき、あれ？何か普段と違うなぁと気づくことができれば、その子どもへ声をかけたり、注意深く観察しようとしたりすることができます。何が普段と違うかはっきりと言葉では表せないけど、何かが違う気がすると感じたことがある先生も多いのではないでしょうか。この感覚はすごく重要だと思います。普段の子どもの様子を丁寧に観察しているから感じることができることです。直接子どもに声をかけて聞いたり、その後の様子を注意深く観察したり、特に何もなかったということであれば、それでよしとすることができます。子どもに何か背景や理由があって、普段の様子と異なっているのであれば、そのことにいち早く気づいて、対応することで、子どもも救われるのではないでしょうか。

子どもは場面によって行動や言葉を変えている場合もありますが、それらも含め、子どもの普段の姿として捉え、普段の様子を把握するように努めましょう。きっと、あれ？　何か普段と違う気がすると、気づくことができるはずです。

子どもの変化に気づく観察力

思い浮かべる

　体育の時間や夏場に外で遊ぶときなど、赤白帽をかぶって外で活動をさせている学校が多いのではないでしょうか。地域によって違いがあるのかもしれませんが、小学校の帽子というと赤白帽の印象が強いですよね。この赤白帽にはあごにかけるゴムがついています。そのゴムが伸び切っている子どもはいませんでしたか。この事例については、第2章で紹介していますが、どうしてゴムが伸びてしまっているのでしょうか。今、読んでいるこの時点で、その背景を考えてみてください。何か背景や理由が思い浮かびましたか。そして、1つ背景や理由が思い浮かんだからといって、そこで想像するのをやめないでください。他にはどのような背景が考えられるのか、2つ目の背景、3つ目、4つ目とどんどん考えられる背景を思い浮かべましょう。近くの先生と一緒に考えると、どんどん増えていくのではないでしょうか。また、自分では思い浮かばなかった背景も、知ることができ、そんな可能性もあるのかと気づくことができます。

　このように、子どもの一つのあるある行動や気になる言動に対して、その背景としてどのようなことが考えられるのかを、可能な限り思い浮かべるのは、教師としての視野を広げることにもつながります。自分が思い浮かべる背景は、やはりこれまでの自分の経験がもとになっています。経験は人によって異なることから、思い浮かべる背景に違いも出てきます。このように他の先生と一緒になって考えることで、思い浮かべられる背景も増えてきます。そうすることで、子どもがとった行動の理由を決めつけるのではなく、丁寧に探らなければならないと気づくことができます。

　是非、他の事例についても、どんな背景が考えられるのか、近くの先生と楽しみながら考えてみてください。小学生のあるある行動の多くは、日本全国共通しているものが多いので、先生同士の関係づくりにも大いに役立ってくれるのではないでしょうか。

考えられる背景を話し合う先生たち

しばらく様子を見る

あるある行動や子どもの気になる言動を目にしたときは、その言動に対してすぐに指導をしたり、評価をしたり、何らかの反応をしてしまいますよね。明らかにその子の言動が自分一人に向いている場合には、反応しなければ、先生が無視したと捉えられるかもしれません。しかし、その言動が教師一人に向けられているものではない場合や、時と場所が適切ではない場合もあります。そのようなときは、すぐに反応をせずに、しばらく様子を見るという方法をとってみてはいかがでしょうか。子どもがとった言動に対して、その子がプラスに捉える反応を周りの人が行った場合は、自分にとってこの言動はプラスであると学習し、その後繰り返し行うことになります。しかし、特に周りの人からの反応がなければ、その子の中で葛藤が起きます。自分のとった言動は自分にとって良かったのか、もうやらない方がいいのか、という具合です。自分の中で葛藤するということは、自分のとった言動について、自身で振り返り、考え、客観的に判断しようとすることですから、子どもにとってはとても重要なことなのです。

また、教師にとってもすぐに反応せず、しばらく様子を見ようとすることは、その後の言動を観察することにつながりますので、その子のとったあるある行動や気になる言動に対して冷静に判断ができます。背景や理由を把握することができるかもしれないからです。さらに、このように振舞おうとすると、自然と気持ちの余裕も生まれます。一つの言動に対して、一喜一憂するのではなく、落ち着いて、余裕を持って子どもを観察することが、子どもの背景を理解することにもつながるということです。

さらに、事後の様子を観察するときには、その子だけではなく、周りの子どもの様子も併せて観察するようにしましょう。反応しやすい子、流されやすい子、影響を受けない子、マイペースな子などの特徴が見えてきます。しばらく様子を見て把握した子どもの様子は、学級経営にも生かすことができますからね。

余裕を持って様子を見る先生

子どもの背景を見とる眼の養い方として5つのポイントについて説明してきました。

- 「どうして?」と自問自答する
- 一連の流れを把握しようとする
- 普段の言動を意識して観察する
- 思い浮かべる
- しばらく様子を見る

これらに共通しているのは、子どもの言動には背景や理由があることを忘れずに、そして、それらを教師が決めつけずに、子どもの様子を丁寧に観察することです。授業中、休み時間に子どもと一緒に遊んでいるとき、給食中など、手が休まるときがないかもしれませんし、そんなときに子どもがとるあるある行動ですから、そこまで教師が対応できないかも知れません。でも、その子どもとの関係づくりや学級経営において、教師が子どものあるある行動に対してどのような対応をするかが、実は重要です。是非、子どもの背景や理由を理解できるように、見とる眼を養ってください。

7 大切なのはパターン＋α

３つの事例について、それぞれ３つの背景を述べてきましたが、これらは、あくまで背景の例であって、これらの背景以外の背景が必ずあります。細かく見ていくと、子どもの数だけ背景があると言っても過言ではないでしょう。子どもの性格や考え方、特性、家庭環境、保護者の教育方針など全てが同じということはありません。兄弟でさえ違います。ですから、子どもの言動に潜む背景は無数にあるのです。だからこそ、教師は一人一人の子どもと丁寧に向き合い、その子どものことを理解しようとする必要があるのです。教師の仕事を何年もしていると、この子はこういう子と決めつけて対応する機会が増えるかもしれません。経験を積むことで多くの子どもと関わり、様々な経験をし、子どもを理解する力もついているのは間違いありません。経験は重要です。でも、その経験のせいで、子どもの見方を決めつけてしまい、子どもを苦しめたことはありませんか。

決めつけてはいけない

これまで何度か述べてきましたが、あるある行動や子どもがとった言動に対して、背景や理由を教師が決めつけて関わるということはあってはなりません。これまで同じようなことがあったからといっても、その背景は、子どもによって違います。とはいっても、教師生活を続けていると、ある程度予想することもできるようになります。それは、多くの子どもと関わり、子どもは一人一人違っているということを理解しながら、関わってきているからです。子どもの言動の背景は、教師が想像できることもあれば、思いもしないこともあります。子どものとった言動の理由はこれだ、と決めつけていては、背景を見とる眼も養えません。これまでの経験から予想した背景＋αで、他の背景についても考えるようにしましょう。きっと新たな視点から背景に迫ることができるはずです。背景はこれだろうと思っていても、その背景が確かであるとなるまでは、心に留めて子どもと関わるようにしましょう。決めつけて指導をされて、先生が嫌いになったり、学校に行くのが嫌になったりしたという事例も聞きます。子どもにとって、決めつけられることは、教師が思う以上に、嫌なことだということを認識しておきましょう。

また、背景について考えるとき、その子自身のこと、その子の家庭のこと、クラスメイトや友だちのこと、教室や運動場などの環境のことなど、様々な視点から考えることが重要ですが、忘れてはならないのは、教師自身のことについてです。これは結構見落としがちな背景です。子どものあるある行動には、教師の振舞い方や関わり方、授業内容や指導方法などが影響している場合があることも忘れてはなりません。教師経験を積み、自信を持つことは大切ですが、自分自身を過信してはいけません。思い切って、一度、自分自身の関わり方や授業内容、指導方法が、一人一人の子どものことを考えたものになっているのか、見つめ直してみてはいかがですか。

自分自身の関わり方を見つめ直す

幼保のことを知ろうとする

小学校入学前は「幼児」と言い、小学校に入学すると「児童」と言うように、同じ子どもでも、その子を表す言葉は変わります。でも、子どもの生活が途切れることはありません。幼稚園やこども園、保育園から小学校での生活に施設は変わっても、子どもの生活を途切れさせてはいけないのです。そのために、幼保小の接続の重要性が訴えられ続けています。しかし、実態としては小1プロブレムという言葉があるように、子どもにとっても保護者にとっても生活環境には大きな変化が生じています。とはいえ、いかにして円滑に接続をするかということで、幼保小の接続カリキュラムとして、アプローチカリキュラムとスタートカリキュラムを作成し、子どもの困り感を減らそうという取り組みが進められています。これらのことをご存知ですか。実は他校種のことを知らない先生は多いです。

そう考えると、幼保と小学校との生活環境の違いを理解しようとすることがとても重要になってきます。幼保小の連携を進める取り組みが進められていますが、その多くは一緒に研修会を開催するという活動が多いようです。それももちろん大切ですし、それを機に子どもの様子などについて、共有することも必要でしょう。しかし、そもそも、小学校の先生は幼保での子どもの生活の様子をイメージできますか。なんとなくはできるかもしれませんが、活動のねらいや子どもとの関わり方など具体的なところはどうですか。

登園・登校からの生活の流れをお互いに話してみてはいかがでしょうか。これまでどのような生活を送ってきたかを把握することは、小学校での子どもへの指導の仕方や関わり方を考える上で、とても重要です。これまでの経験から、一年生はこうしなければならないと思っていたことが、一気に変わることもあり得ます。でも、幼児期の生活を把握した結果として捉えれば、それは自然な流れです。小学一年生が新たな生活環境に慣れるのには時間がかかります。しかし、子どもがスムーズに小学校生活を送れるようになるためにも、幼保での生活の様子を理解しておくことは重要ではないでしょうか。

子どもを受け入れる

これまで述べてきたように、小学一年生は、新たな環境に適応しようと必死になって小学校生活を送っています。これまで一緒に生活をしていた友だちと離れ、知らない人が多い中で生活を送りはじめる子どもも多いでしょう。生活場所、人間関係、生活習慣など様々な変化の中で生活をすることになります。友だちや先生に自分の存在をアピールしたり、大きく見せたり、受け入れてもらおうとしたりして、様々な言動をとることでしょう。そのような子どもを目の前にして重要なことは、やはり、その子の言動をきちんと受け止め、そしてその子自身を受け入れることなのではないでしょうか。まずは新たな環境で、子どもが安心して生活を送るためにも、先生がしっかりとその子のことを受け入れ、お互いの関係づくりに励むことが大切です。

子どもが不安定な場合、様々なところにその影響が表れることが多いです。それを見逃さないためにも、養った背景の見とり方を生かし、子ども理解に努めてください。きっと、子どもの本当の背景に迫ることができ、その子どもを支えることにつながるでしょう。そのためにも、子どもの言動の背景を決めつけるのではなく、まずはそのことを受け入れ、そして迫った背景からアプローチしていきましょう。このように考え、振舞い、関わろうとすることが、その子どもを支え、そして自分自身をも支えることになります。子どもを信じて、教師と子どもの、子どもと子どものよりよい関係がつくれると、教師としてとても嬉しいですよね。子どもから「学校が楽しみ」や「また明日も学校に行きたい」と聞こえるように、教師は一人一人の子どもを受け入れ、丁寧に関わることが大切です。

子どもの嬉しそうな顔、喜んでいる顔、楽しんでいる顔とたくさん出会えるといいですね。何よりもこれが教師としてのやりがいではないでしょうか。

目の前の子どもの姿を受け入れる先生

「大切なのはパターン＋α」と題して、＋αの増やし方や＋αの考え方の重要性について説明してきました。

・決めつけてはいけない
・幼保のことを知ろうとする
・子どもを受け入れる

子どもの言動の背景や理由を理解するためには、子どもと関わる経験と子どもを理解しようとする意識、そして幅広い知識が必要になります。これらに偏りがあると、決めつけた指導や関わり方になってしまいます。パターン＋αで考えられるように、子どもの理解に関する知識や技能をバランスよく身に付けるように励みましょう。

第2章からは、様々な小学生あるあるを紹介していきます。どの事例も3つの背景や理由について説明していますが、これまで述べてきたように、それ以外の背景ももちろんあります。是非＋αの背景を思い浮かべてください。

参考文献

1）国立教育政策所「幼小接続期の育ち・学びと幼児教育の質に関する研究〈報告書〉」２０１７年
2）ベネッセ教育総合研究所「第６回幼児の生活アンケート　レポート〔２０２２年〕」２０２３年

第2章

「小１あるある」から
読み解く対応術

1

いつも朝一番で登校する子

元気な声であいさつをする子ども。登校してくる子どもの順番を意識して観察したことはありますか。毎朝一番に登校してくる子どもには、どんな背景があるのか考えてみましょう。

背景１

親に早く行くように言われる

背景２

早め早めの行動を求められる

背景３

友だちとの待ち合わせ時刻が早い

背景＋α

他の原因があるかもしれません。考えてみましょう

背景に気づく教師の眼「登校時の様子」

登校時刻や誰と登校しているかなど、登校時の様子を観察してみると、気になる点が見つかるかもしれません。朝のあいさつもそうです。いつもより声が小さいなぁ、疲れているのかなぁなど、変化に気づいて、言葉をかけることで、子どもは、先生が自分のことを気にかけてくれていると思い、嬉しくなるはずです。

背景1

親に早く行くように言われる

親が仕事をしている家庭が増え、朝の時間は多くの家庭で、ばたばたと過ごしているのではないでしょうか。戸締りを子どもに任せるのが心配な家庭では、親が仕事に行く前に子どもを学校に出発させる、もしくは、同じ時刻に出発をするという家庭もあるでしょう。子どもにとっては、まだ登校時刻になっていないのに、家を出発しなくてはならないということもあるのではないでしょうか。

対応

まずは、子どもの**登校時刻を意識して観察するようにしましょう。**登校時刻が早いと、子どもと話をする時間も生まれます。登校の様子や家庭での様子などを聞いてみるとよいでしょう。また、登校時刻がどんどん早くなったり、早く登校する子どもがどんどん増えたりする可能性もあります。安全のため、登校時間を守るように、管理職から保護者に再度周知してもらうということも提案してみましょう。

背景2　早め早めの行動を求められる

入学してはじめのうちは、学校生活に慣れていないため、登校や準備に時間がかかります。行動が遅れて、友だちに迷惑をかけないようにと、親が早め早めの行動を求めているのかもしれません。

対応

家を何時に出発しているのか聞いてみましょう。準備がきちんとできているときには、「〇分前には、もう準備ができていますよ」と、具体的に保護者に伝え、安心させてあげるとよいでしょう。

背景3　友だちとの待ち合わせ時刻が早い

友だちと一緒に登校する場合には、お互いに登校時刻を合わせる必要があります。その時刻が早すぎるのかもしれません。相手を待たせてはいけないと、自然と待ち合わせが早くなっていくこともあるでしょう。

対応

誰と登校しているかを観察しましょう。待ち合わせ時刻が早すぎて、近所や、迎えに行った先の家庭に迷惑をかけることもあります。早すぎると迷惑になることを伝えましょう。

2

登校時間ギリギリに登校する子

登校時刻を観察していると、だいたい同じ時刻に登校していることがわかります。そんな中、いつも登校時間ぎりぎりに登校する子どもがいます。どんな背景があるのでしょうか。

背景1

学校に行くのが嫌だ

背景2

歩くのに時間がかかる

背景3

就寝時刻が遅い

背景α

他の原因があるかもしれません。考えてみましょう

背景に気づく教師の眼「登校直後」

朝の準備よりも先に、いろいろな話をしに来てくれる子どもがいます。家でのことや習い事でのことなど先生に話したいことがいっぱいあるのでしょう。そこでは、様々な情報を得られるとともに、子どもとの関係を築くこともできます。丁寧に子どもの話に耳を傾けるようにしましょう。

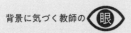

背景1

学校に行くのが嫌だ

小学校生活のスタートは、子どもにとっては大きな環境の変化になります。幼稚園やこども園等の生活と小学校生活の違いを考えてみてください。その変化に慣れようと、子どもは様々なことを吸収していきます。しかし、新たな環境に慣れるのに時間がかかったり、思うようにいかなかったりすることもあります。それが理由で、学校に行きたくなくなり、家を出発する時刻が遅くなっているのかもしれません。

対応

ぎりぎりに登校してくる日が2，3日続いたら、まずは子どもに声をかけるようにしましょう。困っていることを話してくれるかもしれません。学校に行くのが嫌な子どもの中でも、学校に着くと、友だちと楽しく過ごす子もいます。学校での様子を観察しながら、**保護者と連携を図ることも考えましょう**。学校に行くことを嫌がっているわが子のことで、保護者は困っているかもしれません。

背景2　歩くのに時間がかかる

大きな荷物を持って、登校するのは大変です。友だちと話しながら歩いていると、歩くスピードはゆっくりになります。学校までの距離が長く、疲れるため、歩くのに時間がかかっているのかもしれません。

対応

学校で保管するものを増やしたり、家から持ってくる日をずらしたりしながら、**登校時の荷物を減らす工夫をしましょう。**自宅を地図で確認し、学校までの距離を把握しておくことも大切です。

背景3　就寝時刻が遅い

家を出発する時刻が遅くなる理由として、起床時刻が遅いことも考えられます。おそらく就寝時刻が遅いのでしょう。親の生活リズムが影響し、就寝時刻が遅くなっているのかもしれません。

対応

起床時刻、就寝時刻を子どもに聞いてみましょう。学校で眠たそうな子どもの様子があれば、その様子を保護者に伝えましょう。**子どもの生活リズムは親の生活リズムの影響を受けやすいものです。**

3

月曜セットを持ってくるのを忘れがちな子

体操服、給食エプロン、上靴など、一週間使ったものは週末にまとめて持って帰ります。そして、きれいにして月曜日に持ってくるはずが……。どうして忘れてしまうのでしょうか。

背景1

親が確認をしていない

背景2

荷物の把握ができていない

背景3

そのものが行方不明になっている

背景α

他の原因があるかもしれません。考えてみましょう

背景に気づく教師の眼「月曜セット」

週末に持ち帰り、月曜日にはきれいになっているはずのものが、月曜日にも汚れていることがあります。持って帰るのを忘れたのか、あえて持って帰らなかったのか。週末の帰りの用意のときに、持って帰るものとして、机の上に用意されていなければ、その時点で持って帰るように声かけをしてみましょう。

背景1

親が確認をしていない

「宿題や次の日の準備は子どもに任せています」ということを聞くことがあります。家庭の方針なので、特に口出しをすることはないと思います。でも、任せているのか、放っているのかは、よく考えてみてください。一年生になり、環境が大きく変わり、持ち物も変わっています。準備を子どもに任せるにしても、子どもの準備に漏れがないかどうか、最後の確認は親がしてほしいものです。

対応

忘れ物が続く場合には、忘れたことに対して指導をして終わりがちですが、その背景を探らなければ、改善にはつながりません。いつ、誰が、どのように準備をしているのか、子どもに話を聞きながら、**忘れないための方法を一緒に考えるとよいでしょう**。家庭での関わり方が大きく影響します。子どもの変化に期待しすぎないようにしましょう。保護者に、「最後の確認はそっとしてあげてくださいね」と伝えられるといいですね。

背景2　荷物の把握ができていない

忘れ物をしないためには、小学校生活のリズムに慣れることと、そのものの必要性を理解することが大切です。いつ、何のために使うものなのかがわからなければ、忘れ物をしやすくなります。

対応

なぜ体操服に着替えるのか、なぜ給食エプロンを着るのかなど、繰り返し、丁寧に説明するとよいでしょう。そうすることで、そのものの必要性を理解し、忘れ物も減っていくことでしょう。

背景3　そのものが行方不明になっている

着替えの後、自分のものかどうかを確認せずに片付ける子どもがいます。友だちのものを間違って持って帰っている、自分のものが行方不明になっていることに気づかない、等の子どももいます。

対応

持ち物に名前を書くことはもちろんのこと、**着替えは、自分の机で行う指導の徹底をしましょう**。床にものを落としていることもあります。行方不明になる前に、床もよく見ておきましょう。

4

一年中半袖半ズボンの子

今も昔も、どれだけ寒くても、どれだけ風が強くても、雨が降ろうとも、いつも半袖半ズボンで登校する子どもがいます。どうして一年中半袖半ズボンで過ごすのでしょうか。

背景1

記録に挑戦している

背景2

服を着るのが面倒くさい

背景3

強がり

背景α

他の原因があるかもしれません。考えてみましょう

背景に気づく教師の眼「服装」

私服の小学校の場合、学校に着ていく服はそれぞれの家庭で用意をするため、家庭の様子や子どもの志向が表れやすいです。毎日お気に入りの服を連続して着て来る子どももいるでしょう。洗濯はされていますか。汚れたままの服や破れたままの服や靴下を履いていないでしょうか。服装から子どもの背景を考えてみましょう。

背景1

記録に挑戦している

年がら年中半袖半ズボンで生活をしている子どもは、いつも元気なイメージがありますが、実はそうとは限りません。風邪気味になり、鼻水を垂らしたり、咳をしたりすることももちろんあります。周りからすると、上着を着た方がいいのにと思うことも多いでしょう。そんな中でも、半袖半ズボンで生活を続けるのは、一年中半袖半ズボンで学校に行くと決め、その目標に挑戦しているからなのかもしれません。実は家では普通に長袖長ズボンで生活しているかもしれませんね。

対応

記録に挑戦しているという理由がわかれば、少しは応援してあげようという気持ちも出てくるでしょう。幼児期は体調を崩すことが多いことを考えると、一年生になって初めて挑戦しだしたのかもしれません。でもやっぱり体調は崩してほしくありませんよね。**温かい眼で見守りながら、周りの子どもの様子が冷ややかになっていないかどうかも観察しておきましょう。**

背景2 服を着るのが面倒くさい

来ている服の枚数が少なく、しかも薄手のため、衣服の着脱がとてもしやすいです。夏場の着替えと冬場の着替えを比べるとわかりやすいでしょう。ただ面倒くさくて、半袖半ズボンなのかもしれませんよ。

対応

この場合、本人が衣服の着脱の面倒くささを理由に半袖半ズボンでの生活を選んでいるのでしょう。気がつけば、寒さに負け長袖を着たり、長ズボンを履いたりしているでしょう。

背景3 強がり

冬の寒い日に半袖半ズボンで登校している子どもは多くはいません。そうすることで、目立つことができます。目立ったからには、弱音は吐けない、このまま続けなければならないと思っているのでしょう。

対応

他の生活場面を観察し、強がっている様子が見られるかどうか観察しましょう。体に無理なく活躍できる場面を設定するなどして、様々な視点から価値づけを行うとよいでしょう。

5

授業開始のチャイムが鳴っているのに席に戻れない子

多くの小学校では、時間の区切りにチャイムが鳴ります。授業開始のチャイムが鳴っても、席に戻らずうろうろしている子どもがいるのはどうしてでしょうか。

背景1

チャイムを守ろうとしていない

背景2

楽しいことをまだ続けたい

背景3

納得がいかず戻りたくない

背景α

他の原因があるかもしれません。考えてみましょう

背景に気づく教師の眼「時間を守る」

社会人として時間を守ることは当然のことですが、時間を守らずに懇談を進めていることはありませんか。会議に遅刻はしていませんか。いろいろと事情もあるのでしょうが、そもそも時間に対する意識は高く持てていますか。子どもにはよく5分前行動と言いますが、自分自身も早め早めに行動するように心がけてみましょう。

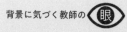

背景1 チャイムを守ろうとしていない

時間割が決まっていて、時間になればチャイムが鳴り、活動が切り替わることがこれまでの生活との大きな違いです。この生活に慣れるのにも経験と時間が必要です。チャイムが鳴ると活動を切り替えなければならないと、子どもが自覚し、行動しなければなりません。子どもはチャイムを守ろうとしていますか。いつも子どもの近くで生活をしている先生が、チャイムを守るお手本となっていますか。

対応

子どもにはチャイムを守ることを求めているのに、先生がチャイムを守っていないということを目にすることがあります。チャイムが鳴っても授業が終わらない、チャイムが鳴っても先生が教室にいない。事情はいろいろとあるのでしょう。でも、チャイムで活動が切り替わる生活に慣れさせるためには、**先生がチャイムを守り、子どもとともに生活することがとても大切なのではないでしょうか。**

背景2　楽しいことをまだ続けたい

　一番多い理由かもしれません。休み時間を楽しみにしている子どもは多いです。盛り上がっている途中でもチャイムが鳴ると切り替えなければなりません。まだ続けたい気持ち、ありますよね。

対応

　子どもが時計を読めないうちは、先生が前に立ち、授業をはじめる雰囲気を出すと、その様子に気づく子どもがいます。その子を褒めましょう。一緒に遊び、早めに声をかけることもできますね。

背景3　納得がいかず戻りたくない

　はじめは楽しく遊んでいても、みんながずっと楽しく遊べているとは限りません。何かで揉めている最中だったということもあるでしょう。戻りたくても戻れない理由があるのかもしれません。

対応

　やみくもに席に戻っていない子どもを指導するのではなく、**チャイムが鳴る前後のやりとりも含めて観察するようにしましょう。**どうして席に戻っていないのかが見えてくるかもしれません。

6

先生が教室に来そうになると「先生来た！」と言う子

休み時間終わりのチャイムが鳴り、教室に向かっていると、顔だけ廊下に出している子ども、その後大きな声で「先生来た！」と告げる声。

よくある光景ですよね。

背景1

先生を見て、行動を選択している

背景2

クラスで活躍したい

背景3

鬼遊びを楽しんでいる

背景α

他の原因があるかもしれません。考えてみましょう

背景に気づく教師の眼「行動基準は何か」

よく子どもから「先生に怒られるから」という言葉を耳にします。では、先生が怒らなかったらいいのか、と考えるとそうではないはずです。相手を困らせたり、嫌な思いをさせたり、自分が困ったりということがあるはずです。子どもの判断の基準がどこにあるのか意識してみましょう。

背景1　先生を見て、行動を選択している

みんなに伝えるということは、仲間意識を持ち、みんなできちんとしようと考えているからなのでしょう。それは素晴らしいことです。一方で、チャイムが鳴ったから着席するのではなく、先生が来たから着席するというように、その子の行動基準が、時間ではなく、教師にあることも表しています。今後さらに、時間で行動するのではなく、教師の動きをみて行動するようになっていくかもしれません。

対応

休み時間の終了を告げるチャイムは授業開始の合図でもあるので、教師は休み時間に教室へ移動し、**チャイムと同時に授業をはじめるのが、本来の姿でしょう**。時計を見て、もうすぐチャイムが鳴ることに気づき、早めに着席をする子どもがいるはずです。その子を褒めていると、「先生来た」ではなく「もうすぐはじまる」に言葉が変わります。チャイムが鳴ったら子どもが自分で学習をはじめられるようになるといいですね。

背景2 クラスで活躍したい

小さな声で近くの友達に伝えている子どももいるでしょう。でも、大きな声で伝えている場合、自分がみんなに教えてあげた、ということを友達から評価してもらいたいのかもしれませんね。

対応

教師は、**子どものどういう行動や発言が嬉しいのか、普段から褒めて、伝えていきましょう。**活躍したい子どもの把握ができれば、その子どもの行動を意識して観察するのもよいでしょう。

背景3 鬼遊びを楽しんでいる

「かくれんぼ」や「だるまさんが転んだ」をしているかのように、先生を鬼に見立てて遊んでいる。先生に見つかるかもしれないというスリルを楽しんでいるだけかもしれませんね。

対応

チャイム着席ができている子どもを褒めて、教師がそちらに注目していることを言動で伝えましょう。それでも、遊びが続くようであれば、こうなってほしいという姿を個別に伝えてみましょう。

7

赤白帽のゴムが伸び切っている子

体育の時間にかぶる赤白帽。運動中も動かないように、あごにかけるゴムひもがついています。そのゴムひもがやけに伸びている子どもを見かけますよね。どうして伸びたのでしょうか。

背景1

何かを触っていないと不安になる

背景2

体育の授業が面白くない

背景3

ゴム遊びが楽しい

背景α

他の原因があるかもしれません。考えてみましょう

背景に気づく教師の眼「体操服への着がえ」

体育の時間は服装が変わります。着替えているか、裾がズボンの中に入っているか、帽子をかぶっているかなど、授業をはじめる前の準備として、服装が整っているかということを丁寧に確認してから授業をはじめるようにしましょう。準備をしている子どもの様子をよく観察することで、きっと新たな発見があるはずです。

背景1

何かを触っていないと不安になる

体育の時間は週に2、3時間しかありません。教室での学校生活に慣れてきたとしても、体操服に着替えて、運動場や体育館で授業をする機会はそれほど多くはなく、まだまだ慣れていないことが考えられます。さらに、体育には教科書がないため、教科書を見て、今日の学習を予想することもできず、「今日は何をするんだろう」と不安になっている子どももいるでしょう。何かを触って気持ちを落ち着けようとしているのかもしれません。

対応

体育の時間を楽しみになると不安は解消されるでしょう。1，2年生の学習は運動遊びですから、できた、できないということや競争することをメインにせず、ただ**友だちと一緒に体を動かすと楽しいと思えるような内容に重点を置いて考えましょう**。自然とコミュニケーションが生まれ、心もほぐれるはずです。単元の流れや次の時間の内容について説明することで、見通しを持て、不安も解消されるでしょう。

背景2 体育の授業が面白くない

教室では退屈をすると、手遊びをしたり、文房具を触ったりしますよね。運動場では、砂遊びをしたり、ゴムひもを触ったりします。授業が楽しくないと感じているのかもしれませんね。

対応

授業中の子どもの様子をしっかり観察しましょう。実態に合っていない内容になっていないか、一部の子どもだけが楽しむ内容になっていないか、**授業を見直してみましょう。**

背景3 ゴム遊びが楽しい

着替える際に、赤白帽のゴムひもを持って、帽子を振り回しながら着替えに行っていませんか。振り回す動きは子どもにとって楽しいものです。でも、帽子は振り回してはいけませんね。

対応

授業中の観察はもちろんのこと、体育の授業の前と後の着替えに行くための移動中の様子も観察してみましょう。縄やタオルなどを振り回す活動を体育の時間に取り入れるのもいいでしょう。

8

靴が新しくなったら、走るのが速くなったと言う子

子どもは新しいものが好きです。運動場で履く靴が新しくなったら、走るのが速くなったという子どもがいます。その背景には子どものどのような思いや考えがあるのでしょうか。

背景１

気持ちを新たに頑張ろうとしている

背景２

新しい靴をアピールしたい

背景３

注目されたい

背景α

他の原因があるかもしれません。考えてみましょう

背景に気づく教師の眼「靴箱と傘立て」

外靴を入れる靴箱は、意識しなければ見ることは少ないでしょう。靴箱を見に行ってみると、きちんと並べている子、靴箱から靴がはみ出している子、靴が片方落ちている子など、様々です。そこからも子どもの様子を窺うことができます。傘立ても同様です。登校してから下校するまでの子どもの行動を辿ってみるのもいいですよ。

背景1

気持ちを新たに頑張ろうとしている

新しい靴を履くと、気持ちが晴れやかになるのは大人も同じでしょう。また、靴底が新しくなっていることもあり、これまでの靴で走っていたときの感触と、違いがあるのかもしれません。靴底の違いで走っているときの感触は大きく変わります。そういったところから、靴が新しくなることで、気持ちを新たに頑張ろうという意欲を、「走るのが速くなった」という言葉で表現しているのでしょう。

対応

子どもが頑張ろうとしている姿は応援したいですよね。頑張ろうという意欲を大切にし、**その意欲をさらに高めるような声かけをするとよいでしょう**。この背景は、靴に限ったものではなく、新しい文房具を使うことで勉強を頑張ろうとしたり、新しい掃除用具を使うことで、掃除を頑張ろうとしたりします。このような視点から、教室内の用具を新しくするタイミングを意図的に行う工夫をしてみてはいかがですか。

背景2 新しい靴をアピールしたい

多くの子どもは、新しいものを身に着けると、嬉しくなり、誰かに見せたくなります。羨ましがられたいというよりも、ただ単に言いたい、見せたいという気持ちが強いのかもしれませんね。

対応

アピールしたい気持ちは誰もが持ったことがあるでしょう。でも、ほしくても買ってもらえない子どもがいることを忘れてはなりません。**聞きたくない人がいることも伝えていきましょう。**

背景3 注目されたい

新しい靴を履き、「走るのが速くなった」と言うと、みんなからの注目を集めることができます。注目されたい子どもにとっては、とっておきのチャンスなのかもしれません。

対応

注目されたい子どもの場合、学校生活の様々な場面で、そのような行動が見られるはずです。価値づけを上手く行うことで、いい意味での注目を集めさせ、学級経営に役立てるとよいでしょう。

9

鉛筆や消しゴムがすごく小さいのに使い続ける子

短い鉛筆をつまむようにして持ちながら字を書いている子ども。人差し指と親指の爪の先で小さな消しゴムを持ち、爪をノートにこすりつけながら字を消している子ども、いますよね。

背景1

新しいものを買ってもらえない

背景2

自慢したい

背景3

チャレンジを楽しんでいる

背景α

他の原因があるかもしれません。考えてみましょう

背景に気づく教師の眼「鉛筆」

1人1台端末が配置されても、鉛筆は使用します。でも、鉛筆をあまり意識して見ることはないでしょう。意識してみると、長さやデザイン、形など、様々な鉛筆があることに気づきます。歯形がついた鉛筆を使っている子どももいます。鉛筆から子どもの様子を知ることができるかもしれないので、一度観察してみてください。

背景1

新しいものを買ってもらえない

このような場面に出くわすと、「新しいものに変えなさい」と声をかけることが多いのではないでしょうか。でも、子どもは、その小さな鉛筆や消しゴムを使いたくて使っているとは限りません。新しいものに変えたくても変えられない子どもがいるかもしれません。親に新しいものがほしいと何度伝えても、用意してもらえずに、仕方なく使えるところまで使っている子どもがいるかもしれないのです。

対応

子どもの持ち物からも、様々な情報を得られるということを認識しておきましょう。授業中にノートに書いている内容だけを見るのではなく、**使っているものや机の上に置いてあるものにも目を向けます**。小さい鉛筆や消しゴムを使っている子どもがいた場合、使い続けている理由を聞くとともに、体操服や給食エプロン、ノート、お道具箱の中などの持ち物の様子も意識して観察するとよいでしょう。

背景2　自慢したい

誰かと一緒になって、競い合うかのように、使用している場合もあります。自分はこれでも使えるということを自慢したいのでしょう。競っているので、無駄に削って小さくしているかもしれません。

対応

自慢したい場合、友だちも一緒にやっている場合が多いです。**休み時間に比べ合いをしているかもしれないので、よく観察してみましょう。**無駄に削っている場合には、指導が必要ですね。

背景3　チャレンジを楽しんでいる

どこまで使えるのか、ということを楽しんでいる子どももいるでしょう。こんな小さな鉛筆でも、字を書くことができた、という達成感を味わって楽しんでいるのかもしれませんね。

対応

このような理由はさほど問題ではないでしょう。しかし授業中に使用していると、授業の内容よりも、チャレンジに成功するかどうかに意識が向いてしまいます。**授業中の使用は避けさせましょう。**

10

すぐに「消しゴムがない」と言う子

自分のものを見失う子どもは多いです。消しゴムは使用頻度が高いため、見失ったことにも気づきやすいです。どうして見失ってしまうのか、考えてみましょう。

背景1

夢中になると周りが見えなくなる

背景2

整理整頓が苦手

背景3

次のことを早くしたい

背景α

他の原因があるかもしれません。考えてみましょう

背景に気づく教師の眼「消しゴム」

あまり意識をして見ることはありませんが、よく見てみると様々なことに気づきます。端から少しずつ爪でちぎっている子、消しかすを集めている子、おもちゃとして使っている子。その背景にあるものは、授業が面白くない、何かに悩んでいる、競争している、友だちがほしい……。子ども理解につながるかもしれませんね。

背景1 夢中になると周りが見えなくなる

子どもの視野が、大人の視野よりもかなり狭いことはご存じですか。子どもの視野を体験するチャイルドビジョンというものがあるので、興味がある人は一度調べて、試してみてください。さらに、誰でも何かに集中しているときは、周りが見えにくくなるものです。問題を解いているとき、作業をしているとき、友だちと話をしているときなどに、消しゴムを落としてしまっても気づかないことが多いでしょう。

対応

視野が狭いだけでなく、様々な経験が少ないため、見失ったものを探すための候補地の知識も少ないです。目の前からなくなっていたら、すぐに先生に声をかける子どももいるでしょう。子どもの特性を理解したうえで、前後左右の机の下やノートや教科書に挟まっていないか、筆箱にないかなど、**具体的に探す場所を教えてあげましょう。**そういった経験を積むことで、自分で見つけられるようになっていくのでしょう。

背景2 整理整頓が苦手

机の上はスペースが限られています。そこにいくつもの物を広げて活動をすると、どこに何があるのかがわからなくなる子どももいます。机の中も同様です。整理整頓をすることのよさを知らないのでしょう。

対応

「きれいにしておきなさい」と言葉をかけるだけではなく、**きれいにする時間を設けることで、整理整頓の意識が高まります**。できている子どもを称賛し、整理整頓することのよさを広めましょう。

背景3 次のことを早くしたい

時間で管理されているからこその行動でしょう。早く次の課題に挑戦したい、早く遊びに行きたい。消しゴムが見当たらないことに気づくのは、次の時間になってからでしょう。

対応

子どもが落ち着いて取り組めるための工夫が必要です。そのためには、授業の見通しを持たせることや、**ぎりぎりの時間設定をしないことが重要です**。活動時間はしっかりと確保しましょう。

11

先生が言ったことをすぐに聞き直す子

学級で一斉指導をしている場面で、説明をした直後に、説明をした内容そのままを質問する子どもがいます。「今、言いました。」と言いたいところですが、立ち止まって考えてみましょう。

背景１

聴覚からの情報収集が苦手

背景２

何かに夢中になっている

背景３

他のことが気になる

背景α

他の原因があるかもしれません。考えてみましょう

背景に気づく教師の眼　「聞く態度」

一斉指導の場面で、うなずきながら話を聞いている子どもを見ると、嬉しいですよね。その気持ちを正直にみんなに伝えてみましょう。子どもの視線が上がり、聞く姿勢が一気によくなります。話の間をとって、子どもと目を合わせたり、うなずく様子を観察したりしながら余裕を持って、話せるといいですね。

背景1

聴覚からの情報収集が苦手

人は視覚、聴覚、嗅覚、触覚などから情報を集めます。視覚優位という言葉を聞いたことはありますか。耳から入ってくる情報よりも、目から入ってくる情報の方が処理をしやすい特性のことを言います。また、聴覚優位という特性もあります。目から入ってくる情報よりも耳から入ってくる情報の方が処理しやすい特性のことです。これらの特性に極端な偏りがあり、情報収集に困っている人がいることを認識しておくとよいでしょう。

対応

黒板に授業以外の情報が書かれていたり、黒板の周りに目立つ掲示物が貼られていたりすると、それらに注意が向いている子どもがいるかもしれないことを認識したうえで、掲示するようにしましょう。また、教室内の座席位置によって、窓の外からの音、廊下の音、となりの席の子どもの椅子や鉛筆の音など聞こえ方が変わります。**配慮が必要な場合には、座席の位置を工夫することも考えてみましょう。**

背景2　何かに夢中になっている

説明をする教師は、自分の伝えたいことを話すことで、伝わった気になりがちです。しかし、聞く側の子どもは、話を聞く以前に、何かに夢中になっており、先生の話どころではないかもしれません。

対応

活動に夢中になっているのは素晴らしい姿です。活動の時間が短いと、子どもはまだやりたい、もっとやりたいと感じます。**活動する時間をしっかり確保することが重要です。**

背景3　他のことが気になる

人の話を聞いていると、話の途中で気になることがあり、そのことを考えて後の話を聞いていなかったという経験はありませんか。しっかり考えて聞こうとしていたからこそ、聞けなかったのかもしれません。

対応

自分の説明の仕方を振り返ってみましょう。話が長かったり、難しい言葉を使っていたりしませんか。一方的に話すだけではなく、**子どもの聴いている様子を確認しながら話すようにしましょう。**

12

先生が話している最中なのにすぐに質問をする子

学級で一斉指導をしている場面で、説明が最後まで終わっていないのに質問をする子ども。多くの場合、手を挙げずに口走っていることでしょう。どうして口走ってしまうのでしょう。

背景1

質問をすれば答えてもらえると思っている

背景2

とても興味を持っている

背景3

いろいろなことが気になる

背景α

他の原因があるかもしれません。考えてみましょう

背景に気づく教師の眼 「自分の話し方」

話し方には人それぞれ癖があります。顕著な例として、「えー」や「あのー」が多い話し方が挙げられます。他には、話すスピード、一文の長さ、声のトーンなどです。自分が話している様子を、録音や録画して観察するとわかりやすいですが、自分がどんな話し方をしているのか、意識しながら話すだけでも気づくことがあるはずです。

背景1　質問をすれば答えてもらえると思っている

子どもは先生の動きや行動をよく観察しています。先生に興味があったり、しっかりと話を聞こうとしたりしているからでしょう。素晴らしいことです。先生の話の途中で、つい質問をしてしまうこともあるでしょう。そんなとき先生が、質問に答えてしまうと、子どもは、いつ質問をしてもいい、いつでも先生は答えてくれると、学習してしまいます。普段の何気ないやりとりから先生との関わり方について学習しています。

対応

「質問は、先生の話が終わってからです」と耳にすることがありますが、**それを自分自身が徹底できているか、一度自分が話をしているときの様子を思い返してください。**話の途中で質問があったとき、つい答えてしまっていませんか。繰り返し答えてしまうと、子どもは答えてもらえると思い、話の途中でも質問をするのが当たり前になります。自分の言動で、子どもをそうさせているのかもしれませんね。

背景2　とても興味を持っている

つい質問を口走ってしまうのには、話の内容や活動に、とても興味がある場合もあります。楽しみ、面白そう、やってみたいなど、子どもの興味関心や意欲の表れかもしれません。

対応

この場合、子どもの興味関心や意欲は保ちつつ、話を続ける必要があります。早く続きを聞きたい、もっと知りたいと思えるような話口調にしたり、大げさに表現したりするとよいでしょう。

背景3　いろいろなことが気になる

気になったことをすぐに口に出してしまう子どももいます。わからないから、詳しく知りたいから、面白そうだから、やってみたいから、不安だからなど理由はいろいろあるのでしょう。

対応

数週間、声かけや指導をしても、そのような様子が続く場合は、周りの子どもの様子も観察するようにしましょう。**最後まで静かに話を聞きたいのに、と感じている子どもがいるかもしれません。**

13

授業中にトイレに行きたがる子

授業がはじまって間もなくしたところで、「先生トイレに行っていいですか」と伝える子ども。休み時間があったのに、どうしてこのタイミングで行きたがるのでしょうか。

背景1

集中力が長続きしない

背景2

休み時間に行っていなかった

背景3

誰かに見られたくない

背景α

他の原因があるかもしれません。考えてみましょう

背景に気づく教師の眼「トイレ」

授業中、トイレに行きたくても行きたいと言えない子どもはたくさんいます。目立ってしまう、恥ずかしいという理由でしょう。また、集中していて、楽しくてトイレに行くことを忘れ、気づいたときにはピンチになっている子どももいます。もぞもぞしている、お腹が痛そうにしている子どもには声をかけるようにしましょう。

背景1　集中力が長続きしない

「ダメです」とは言えないことから、伝え方について「いいですか」ではなく「行きます」ですよね、というやりとりを目にしたことがあります。裏を返せば、トイレに行くという理由があれば、必ず立ち歩けるということになります。授業中、集中力が途切れたり、疲れてきたりしたときに、トイレに行くと言って、席を立ち、トイレまで歩いて行くことで、気分転換をしているのかもしれません。

対応

体を動かすと気分転換できるという経験をしたことがある人は多いのではないでしょうか。一年生では、これまでの環境と違い、じっと座っていることに退屈したり、疲れたりしている子どもが多いかもしれません。トイレに行きたがるタイミングや頻度を観察するとともに、**授業の中で気分転換できるような活動を取り入れることで、子どもの集中力をコントロールすることも考えてみましょう。**

背景2　休み時間に行っていなかった

一番多い理由ではないでしょうか。休み時間に、トイレを含め、次の授業の準備をするように指導していることでしょう。でも、行かなかったのか、行けなかったのかの違いがあるのではないですか。

対応

トイレに行かなかったと決めつけず、行けなかったということも視野に入れて対応しましょう。**休み時間の子どもの様子を観察していると、どちらなのかがわかる場合もあります。**

背景3　誰かに見られたくない

トイレはプライベートな空間です。でも休み時間は多くの人が利用します。用を足しているところを見られたくなかったり、近くに人がいると落ち着いて用を足せなかったりする子どもがいるかもしれません。

対応

タイミングや利用頻度を観察しながら、個別に話をしてみましょう。環境が変わってすぐの一年生は、みんなと同じようにしなければならないという思いが強く、**実は困っているかもしれません。**

14

「先生、先生」と作品を見せたがる子

図工の時間など、個人で作業をしているときによく見る光景です。わざわざ作品を持ってくる子どももいます。「先生、先生」と呼ぶ子どもの背景を考えてみましょう。

背景1

呼んだら褒めてもらえると思っている

背景2

できていることをアピールしたい

背景3

先生と関わりたい

背景α

他の原因があるかもしれません。考えてみましょう

背景に気づく教師の眼 「図工の作品」

想像力豊かに、自由な発想で表現することが面白い教科ですが、それらが苦手な子どももいます。また、作品から子どもの心理を読み解くという話も聞きます。しかし、一つの作品で子どもの心の状況を決めつけるのではなく、普段の様子を観察したり、子どもと関わったりしながら、子ども理解に努めたいものですね。

背景1　呼んだら褒めてもらえると思っている

他者から認められたい、自分を価値ある存在だと認めたいという承認欲求は誰もが持っています。特に一年生では、先生に褒められるということで満たされる子どもが多いのではないでしょうか。先生を呼べば、褒めてもらえたという経験を学習し、いつでも先生を呼べば褒めてもらえると思っているかもしれません。早く褒めてもらいたいがために、気づけば作品を持った子どもが、自分を取り囲んでいるなんてことが起こるかもしれません。

対応

呼ばれたら褒めることを繰り返していくと、それがクラス全体に広まり、ずっと子どもから呼ばれ続ける、先生を呼ぶ声で騒がしくなるということが起こります。さらに、作品ができていなくても、少し手を加えただけで呼ぶ子どもが出てくるなど、**先生を呼ぶことが目的に変わりかねません。**落ち着いて、丁寧に取り組んでいる子どもを価値づけることで、子どもの活動に取り組む姿は変わってきます。

背景2 できていることをアピールしたい

多くの場合、先生を呼ぶときの声は大きいでしょう。そこには、自分ができたことをクラス全体に伝えたい、友だちに自分の価値を認めてもらいたいという思いがあるかもしれません。

対応

個人で活動をしていても、作品を全体で共有することは可能です。今では簡単に自分の作品を写真に撮り、共有することができます。そうすることで満たされる子どももいますよ。

背景3 先生と関わりたい

先生と話したり、遊んだりしたいけど、何を話せばいいかわからない、どう関わればいいかわからないという子どももいます。作品を通して、関わるきっかけとしているのかもしれません。

対応

教師にとっても作品を通すことで、関わりを持ちやすくなります。普段、関わりの少ないと感じている子どもには、意識して声をかけ、子どもとの関係づくりに励みましょう。

15

「できない、できない」と言いながら たいていのことはできる子

すぐに「できた」と言うのに、できていない子どももいますが、ここでは逆に、みんなの前で何かをするときに、「できない、できない」という子どもの背景を考えてみましょう。

背景1

完璧じゃないと納得できない

背景2

自信がない

背景3

周りの目を気にしすぎる

背景α

他の原因があるかもしれません。考えてみましょう

背景に気づく教師の眼 「全体発表」

授業で子どもがプレゼンをする学習がありますよね。みんなの前で話す経験が少ない一年生は、そのときの様子が一人一人ばらばらです。内容を聞きながら、発表中の表情や仕草、声、姿勢なども観察してみましょう。発表してよかった、また発表したいと思えるような聞き方、聞く力を身に付けさせることが、とても重要です。

背景1　完璧じゃないと納得できない

体育や図工、音楽の授業では、動きを伴う活動が多く、子どもの出来不出来が他の子どもに伝わりやすいです。周りから見ればできていると捉えていても、自分ではできていないと捉えがちな子どもがいます。どこか納得がいかないところがあるのでしょう。人によって合格点を置く高さに違いがあるためです。みんなに見られるからこそ、より自分自身に厳しく、完璧をめざしているのかもしれません。

対応

より完成度の高いものをめざす姿は素晴らしいことです。何ができたかということは子どもにとっては大切なのかもしれません。でも、**どのようにしてできたのか、どのような工夫をしたのか、ということに焦点を当てることも大切です**。これまでそこに価値づけがされてこなかったのかもしれません。時間が許す限り、こだわり続けさせて様子を見てみることも教師としての学びにつながると思いますよ。

背景2 自信がない

失敗経験は、回数が少なくても大きく心に残ってしまうことがあります。また、成功経験が少ない場合や、成功しても認められてこなかったという場合もあります。これらの経験が原因かもしれません。

対応

スモールステップで取り組ませることは、成功体験の積み重ねをしていることと同じです。自信を持たせるためには効果的です。教師から、子ども同士で、その都度、評価するようにしましょう。

背景3 周りの目を気にしすぎる

恥ずかしかったり、失敗をすることを考えたり、いろいろ指摘されたりすることを心配していると、「できない」となりやすいですよね。周りからの自分に対する評価を気にしすぎているのかもしれません。

対応

大人でも多くの人の前で何かをするときには緊張しますよね。見せる人数を少なくしたり、他のグループと同時に見せたりするなど、**見られていると感じにくくする工夫が必要です。**

16

「一緒に○○しよう」と言いながら、自分のペースで進める子

大勢で一斉に活動をするとき、さらに、個々のペースで活動が進むときや活動場所を選べるときなどに必ず聞く言葉です。

「一緒に○○しよう」の背景を考えてみましょう。

背景1

はじまるまでが不安

背景2

周りが見えなくなりやすい

背景3

負けず嫌い

背景α

他の原因があるかもしれません。考えてみましょう

背景に気づく教師の眼「誰と行動しているか」

椅子に座って学習しているときよりも、教室や学校を離れて活動をするときは、子ども同士の関わりを知ることができます。いつもと違う子どもと行動を共にしているときは、よく観察するようにしましょう。特定の子どもとばかり関わるのではなく、誰とでも関わることができるスキルを身に付けることが重要ではないでしょうか。

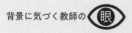

背景1　はじまるまでが不安

このようなケースは、教室や学校を離れて活動をする場合に多く、活動場所が通常とは違うことに不安を感じているから起こることでしょう。さらに、そのような環境下で一人になると、より不安が強くなります。そうならないために、あらかじめ声をかけ、不安を解消しているのでしょう。でも、いざはじまるとその不安は飛んでいってしまい、気づけば自分のペースで活動を進めている、こういうケースが多いのではないでしょうか。

対応

活動に対する不安があることが原因として考えられるため、その不安を取り除くようにするとよいでしょう。例えば、活動の前の説明を写真や動画を用いながら、**具体的に丁寧に行ったり、事前に調べる活動を行ったりするとよいでしょう。**また、活動に対して興味を持たせる工夫をすることで、不安から楽しみに変わっていきます。自分はどうしたいのか、何をしたいのか、それはどうしてなのかを考えさせるとよいでしょう。

背景2　周りが見えなくなりやすい

一緒に〇〇しようと言っていたものの、いざはじまると、その言ったことや言った相手のことよりも、自分のやりたいこと、知りたいことに夢中になってしまう子どももいますよね。

対応

一年生の子どもは、夢中になると周りが見えにくくなりやすいです。周りを確認させたい場合には、教師が意図的に声をかけ、確認する機会を設けるとよいでしょう。

背景3　負けず嫌い

自分の中で競争をしているという意識がある場合に起こるケースです。はじめは一人になるのが不安だったけど、いざはじまると、相手のペースに合わせるのではなく、全力で活動したくなる場合です。

対応

活動前に、個々の目標を設定するとよいでしょう。競走が目的になり、活動の目的を見失う場合があります。自分は何のために、どのような活動をするのかを明らかにするとよいでしょう。

17

上手く話せない子、発表の声が小さい子

小学校では、挙手をしていなくても、発表する場面があります。発表したくなくても、発表する機会が回ってきます。上手く話せない、声が小さいのはどうしてなのでしょうか。

背景１

嫌な経験がある

背景２

注目されたくない

背景３

大きな声が出にくい

背景α

他の原因があるかもしれません。考えてみましょう

背景に気づく教師の眼「声」

授業中のつぶやきもそうですが、子どもは何気ないときにふと、嬉しさや楽しさ、不安、悩みを漏らすことがあります。それらを意識して観察していると子どもの本心に迫ることができます。言葉を発した瞬間でなくても、そのことについて声をかけるだけで、子どもとのよい関係づくりにつながるはずです。

背景1　嫌な経験がある

大勢に対して話すことに自信がない、不安がある場合、大人でも声が小さくなったり、語尾をにごしたり、話の途中で何度も詰まってしまったりしますよね。そんなとき、周りの子どもや先生がどのような反応をするかはとても重要です。そこでの反応が、嫌な経験として残ってしまうと、余計に上手く話せない、声が小さくなるということにつながりかねません。

対応

誰もがここでなら安心して話せる、自分の考えを言っても受け止めてもらえると思える学級づくりを進めていくことはとても大切です。話し方の指導だけではなく、**聞き方の指導も忘れずにしなければなりません**。小さな声でも、上手く話せていなくても、聞き手がしっかりと聞こうとする態度や、理解しようとする姿勢を示すことで、話し手の受け止め方も変わってきます。

背景2 注目されたくない

大勢の視線が自分に集まるというのは、ドキドキしますよね。入学して間もないうちは、まだまだ知らない人がたくさんいます。この緊張感が話し方にも影響しているのかもしれません。

対応

みんなに話す内容を、近くの人と相談して決めたり、**ペアやグループで練習をしたりするとよいでしょう。**みんなに話す前に、あらかじめ話す経験を積むことで、ある程度緊張はほぐれるでしょう。

背景3 大きな声が出にくい

みんなに聞こえるようにするには、ある程度の声量が必要です。経験することで身に付くことが多いですが、そもそも大きな声が出にくい、聞こえにくい声質の子どもがいることも認識しておきましょう。

対応

友だちと話しているときの声や、運動場で遊んでいるときの声なども観察してみましょう。保護者に家庭での様子を聞いて、学校での関わり方を考えていくのもいいでしょう。

18

ひらがなの練習に時間をかける子

国語の時間には、ひらがなの学習を行います。筆順の確認や言葉集めだけでなく、書く練習も行います。すると、やけに時間がかかっている子どもがいます。どうしてなのでしょうか。

背景1

完璧じゃないと納得ができない

背景2

褒めてもらいたい

背景3

鉛筆の持ち方が悪い

背景α

他の原因があるかもしれません。考えてみましょう

背景に気づく教師の眼「手書きの文字」

「文字は人なり」という言葉があります。書いた文字はその人を表しているという意味です。頑張ろうと思うのも、なんかしんどいなぁと思うのも心です。そのときどきの心の様子が文字に表れていることがあります。子どもが書く文字を観察し、子どもの変化を捉えてみましょう。パソコンの文字からは読み取ることができません。

背景1

完璧じゃないと納得ができない

ひらがなを書く練習をするとき、はじめはなぞって練習をします。お手本からはみださないようになぞります。そのときの様子を観察していると、はみだしてもまったく気にしない子もいれば、少しでもはみだすと消してやり直す子どももいます。なぞって書く練習が終わると、お手本を見て、自分で書く練習を行いますが、お手本にできる限り近づけようと、何度も書いては消して、を繰り返している子どもがいることに気づきます。

対応

字を丁寧に書こうとする気持ちはとても大切です。じっくりと物事に取り組めるところも評価したいところです。でも、お手本と同じような字を書くことは大人でも難しいことです。上手に書けていることよりも、**丁寧に書けていることを評価するとよいでしょう**。友だちの字と比べるのではなく、前回書いた自分の字と比べてどうかという評価を子どもが自分でできるようになるといいですね。

背景2　褒めてもらいたい

子どもは先生に褒められた字の程度をめざして、練習をします。字を書く速さを評価すると、丁寧さよりも速さを求め、雑な字を書く子どもが増えます。上手に書くことに強く価値づけされているのでしょう。

対応

はじめは丁寧さに重点を置いて評価します。慣れてくると、**丁寧さに加えて、ある程度のスピードも意識させてみましょう**。子どもが書く字を観察しながらバランスよく価値づけていきましょう。

背景3　鉛筆の持ち方が悪い

どれだけ時間をかけても、なかなか上手に書けない子どももいます。これまで鉛筆を持って字を書く経験が少なかったことが大きな理由でしょう。それは、鉛筆の持ち方に表れているかもしれません。

対応

書いているときの様子をしっかり確認してみましょう。**鉛筆の持ち方が悪く、書きにくそうにしたまま書いている場合があります**。鉛筆の持ち方の指導を繰り返しするのもよいでしょう。

19

何でも一番にやりたがる子

手を挙げるのも一番、作業に取り掛かるのも一番、終わらせるも一番、列に並ぶのも一番。何でも一番にやりたがる子ども、いますよね。どうしてそんなに一番をめざすのでしょうか。

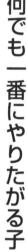

背景 1

興味・関心が高く意欲的

背景 2

目立ちたい

背景 3

速くするのがいいと思っている

背景 α

他の原因があるかもしれません。考えてみましょう

背景に気づく教師の眼「列に並ぶ順番」

自由に列に並ぶとき、先頭に並びたい子、ゆっくり動き出す子、なかなか動き出さない子、タイミングが重なったとき順番をゆずる子などがいます。前の方で一番を競って揉めることも多く、そこに注目しがちですが、それ以外のところも意識してみましょう。毎回同じような動きをしている子が多く、子ども理解に生かせますよ。

背景1

興味・関心が高く意欲的

何でも一番にやりたがる子は、声が大きく、元気な子どもが多いのではないでしょうか。子どもの様子を見ていると、静かにしてほしい、落ち着いてほしい、丁寧にやってほしいという感情を持つことが多いでしょう。でも、子どもからすると、ただ単に面白そう、やってみたい、挑戦してみたいという興味・関心からきているものかもしれません。何でも意欲的に取り組めることってすごいことではないですか。

対応

どうしても、その子自身の態度だけではなく、周りの子たちへの影響を考えてしまいます。それは重要なことです。でも、**何でも意欲的に取り組もうとしているその意欲は継続させなければなりません。**取り組んだこと一つ一つを評価することで、何に価値があるのかを子ども自身も学んでいくことになります。何にでも反応を示してくれるので、上手くいっていない授業でも先生を助けてくれることがありますよ。

背景2 目立ちたい

一番にやろうとすると、自分をアピールしなければなりません。逆に、自分をアピールしたい、目立ちたいがために、すぐに反応をしているだけかもしれません。思いつく目立つ方法がこれだったのでしょう。

対応

このような場合、できていないのに、不十分なのに、アピールしていることが多いです。できたら○○するという指示ではなく、**○分間○○するという指示に変えるのも効果的でしょう。**

背景3 速くするのがいいと思っている

速くすることで褒められた経験があると、もっと速くしよう、次も速くしようと考えます。子どもの中で、速くすることに価値づけられているからです。速くても内容が不十分だといけませんよね。

対応

取り組む前に、**評価のポイントを丁寧に伝え、しっかりと時間を確保して取り組ませるとよいでしょう。**すぐには変わりませんが、繰り返し取り組むことで、価値づけが内容へシフトしていきます。

20

毎回、提出物に名前を書き忘れる子

テストや宿題などを回収した際、名前を記入する欄があるにも関わらず、無記名で提出する子どもがいますよね。しかも、その行動は繰り返されます。どうしてなのか考えてみましょう。

背景1

本題へのプレッシャーが強い

背景2

見えにくい

背景3

見直すことができない

背景α

他の原因があるかもしれません。考えてみましょう

背景に気づく教師の眼「提出物」

小学校現場では、まだまだ紙媒体での提出物がたくさんあります。その提出物の受け渡しをするのは子どもですが、提出物を確認したり、作成したりするのは保護者です。未提出の場合、保護者のところでストップしているかもしれないと考えることができれば、子どもとのやりとりの内容も変わってきますよね。

背景1

本題へのプレッシャーが強い

名前を記入することを忘れる原因の一つに、名前を書くことよりも本題への意識が強い場合があります。本題をしっかりやりきらないといけない、間違ってはいけない、結果を出さなければならないという意識が強く、そのプレッシャーと闘っているため、記名することに注意が向いていない場合があります。本人にとって、名前を記入することはそれほど重要ではないと捉えているのでしょう。

対応

そのプレッシャーはどこから来ているのでしょうか。自分自身と闘っているだけなのか、**背景に親や塾、友だちの存在があるかもしれません**。記名を忘れていることへの指導はもちろんのこと、その課題に取り組んでいる最中の様子や、取り組みの前後の様子なども観察してみましょう。その様子をもとに、落ち着いた状況で、個別に話を聞いてみると意外な背景を知ることができるかもしれません。

背景2 見えにくい

記名する箇所は、多くの場合、はじめに設けられていることが多いでしょう。でも、その場所がいつもと変わっていたり、サイズが小さかったりして、そもそも気づきにくくなっているのかもしれません。

対応

プリントに名前を書く経験もはじめはあまりしていません。記名する必要性を指導するにあたって、まずは、**記名欄を子ども目線で確認し、見やすさ、スペースの大きさなどを点検してみましょう。**

背景3 見直すことができない

課題に取り組むことが優先されているのでしょう。速く終わらせたい、終わらせて次のことをしたい、という意識が強く、終わったことに満足し、見直しができていない場合が多いでしょう。

対応

課題の内容だけではなく、記名されている名前にも丸付けをするとよいでしょう。**丁寧に書けていることを評価すると、提出物の名前もしっかり書こうという意識が芽生えます。**

21

前の席から回ってくる手紙をなかなか受け取らない子

デジタル化が進んだとはいえ、まだまだ紙媒体による連絡は多いです。手紙を後ろの人に渡そうとしていても、なかなか受け取ってくれません。どうしてなのでしょうか。

背景1

配付された手紙をじっくり読んでいる

背景2

周りが見えずに遊んでいる

背景3

渡す人の渡し方に課題がある

背景α

他の原因があるかもしれません。考えてみましょう

背景に気づく教師の眼「手紙の配付」

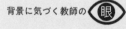

手紙を配付している最中の子どもの様子を広く観察していると、お辞儀をして受け取っている子ども、じっくり読んでいる子ども、読んではいないけど、丁寧に折って片付けている子ども、雑に渡している子どもなど様々です。何気ない動作が日々繰り返されているので、その子の様子がよく表れるのではないでしょうか。

背景1

配付された手紙をじっくり読んでいる

連続で複数枚の手紙を配ったり、何かを返却しながら手紙を配ったりしているときに起こりやすいです。手紙の内容に関わらず、受け取ったものを読みはじめる子どもがいます。自分なりに理解しようとする姿はとても素晴らしいです。しかし、そのことに集中しすぎるあまり、次の手紙を前の席の子どもが渡そうとしている状況に気づかずに、受け取ることができないということが起こり得ます。

対応

手紙を配る時間は、バタバタしていることが多いのではないでしょうか。でも、敢えて落ち着いた状況を作り、**配った後に、手紙の内容を説明するということをしてみてはいかがでしょうか**。そうすることで、子どもは手紙の内容をある程度理解できる、手紙の扱いが丁寧になる、どんな手紙を配っているのか教師が把握する、落ち着いて過ごす時間が増える、というような効果も期待できます。

背景2 周りが見えずに遊んでいる

近くの人と話したり、遊んだりしている中で手紙を配ると、このようなことが起こります。これを繰り返していると、手紙を渡そうとしている前の席の人のイライラも募ってきますね。

対応

このような状況の場合、受け取ったはずの手紙が行方不明になったり、落ちている手紙の持ち主がわからなくなったりします。**落ち着いた状況で配っているか、配るときの状況を確認しましょう。**

背景3 渡す人の渡し方に課題がある

相手の顔を見ずに手紙を持っている手だけを後ろに伸ばして渡そうとしている場合に起こります。渡しているつもりになっているだけで、受け取る側からすると、きちんと渡してほしいと思いますよね。

対応

人にものを渡すときは目と目を合わせて受け渡ししますよね。でも手紙の場合は「送る」という作業になりがちです。**人のものを扱っているからこそ、丁寧に手渡すという意識を持たせたいですね。**

22

ドッジボールで「本気」と言いながらいつもミスをする子

特に低学年に人気の遊びにドッジボールがあります。いつの時代でも人気の遊びです。遊んでいる中で「本気を出す」という意味を表す言葉をよく耳にします。子どもならではですよね。

背景1

気分はヒーロー

背景2

注目してもらいたい

背景3

強がり

背景α

他の原因があるかもしれません。考えてみましょう

背景に気づく教師の眼「ドッジボール」

ドッジボールの楽しさは、投げること、避けること、その空間に友だちといること、見ることなど、子どもによって様々です。投げたいけどボールが来ないから投げられないのか、投げたくないのか、観察するだけではわからないこともあります。教室に戻るときなどそっと声をかけ、話を聞くと子どもの様子を知ることができます。

背景1　気分はヒーロー

幼児は何かになりきる遊びを楽しみます。ヒーローやアニメのキャラクターになりきって遊んだり、ごっこ遊びをしたりしている姿は、すぐに思い浮かぶのではないでしょうか。一年生もそのような傾向があります。ドッジボールをしているものの、自分はその中でヒーローになりきり、相手をやっつけようとしているのでしょう。気持ちと実際の行動とのずれからミスが生じているのですね。

対応

その様子を盛り上げてあげると、その子のやる気につながるでしょう。また、**ミスをしたとしてもみんなが温かく受け止めてくれる環境ができていれば、クラスの雰囲気もよくなるでしょう**。でも、なりきっている様子を周りの子どもがどのように捉えているのかはしっかり把握しておかなければなりません。発達に差はあるので、面白く思っていなかったり、冷ややかに見ていたりする子どももいるかもしれません。

背景2　注目してもらいたい

ただボールを投げるだけよりも、何か言葉を発してからボールを投げることで、周りの子どもは注目します。みんなに見てもらいたいがために「本気」という言葉を使っているのかもしれませんね。

対応

ドッジボールでは、投げる動き以外にも、避ける動きやとる動きなど、評価できる動きは他にもあります。**いろいろな場面を見ていることがわかるように声をかけてあげるといいでしょう。**

背景3　強がり

「本気」という言葉を聞くと、真剣さや強さを感じます。相手に負けたくないという思いが強いのでしょう。自分の実力はもとより、相手を威嚇するために発しているのかもしれませんね。

対応

何回もミスが続くと周りの子どもは、ミスをするから大丈夫と判断するかもしれません。それが言葉として発せられると、余計に空回りをしてしまいます。トラブルの原因になるかもしれませんね。

23

鬼ごっこで捕まりそうになったらすぐに「バリア」をする子

幼児期から遊んでいる子どもが多く、入学後すぐみんなでできる遊びです。でも、「タイム」や「バリア」という言葉を聞くことがありますよね。どういうときに言っているのでしょうか。

背景1

一人で行動するのが嫌

背景2

追いかけられるのが怖い

背景3

負けず嫌い

背景α

他の原因があるかもしれません。考えてみましょう

背景に気づく教師の眼 **「鬼ごっこ」**

鬼ごっこは幼児期に経験している子どもが多く、シンプルなルールで楽しめます。でも一年生では、タッチの力加減が上手くできなかったり、同じ子どもをずっとねらったり、むやみに「バリア」「タイム」を使ったりする子どもがでてきます。特に休み時間には思い思いに行動をするので、観察してみるといろいろ発見があります。

背景1　一人で行動するのが嫌

鬼遊びには、鬼が一人の遊びや複数の遊びなど、様々な遊びがあります。一人の鬼がタッチをして、鬼を交代するルールで行っている場合に「バリア」と聞くことがあります。鬼は一人なため、もし自分が鬼になると、一人で行動しなければならなくなります。まだみんなと過ごす時間が短く、あまり仲良くなれていない中で、一人で鬼をすることに強く不安を抱くことから「バリア」と言って回避しているのかもしれませんね。

対応

入学して間もなくは、一人で何かをすることに不安を抱く子どもが多いです。鬼遊びの場合、ルールを工夫することで容易にそのような環境から回避することができます。例えば、先生が鬼に加わったり、鬼を複数人設けたり、鬼が増えるようなルールにしたり、範囲を狭くしたりするなどの工夫ができるでしょう。子どもが　鬼になっても楽しいと思えるような工夫や雰囲気作りが大切ですね。

背景2 追いかけられるのが怖い

日常生活をしていて、人に追いかけられる経験はあまりしませんよね。だからなのか、人に追いかけられるとドキドキします。このドキドキ感に堪えられずに、鬼が近づいてきたら言ってしまうのでしょう。

対応

「ねことねずみ」のような、二人一組で行う運動遊びを通して、**逃げるや、追いかける経験を楽しく積むとよいでしょう**。自分が逃げ切る経験をすると、追いかけられる恐怖心も和らぐでしょう。

背景3 負けず嫌い

鬼にタッチされると、自分が負けた感覚になる子どももいます。タッチされたという事実を自分の中で作らないために、鬼にタッチされそうになると、先に言葉で逃げてしまっているのかもしれませんね。

対応

鬼遊びには、タッチする楽しさや、タッチするための作戦を考え実行する楽しさもありますよね。勝ち負けへの強いこだわりを、仲間とともに運動する楽しさへと変えることができるといいですね。

24

自分から遊びに誘っておきながら、すぐにやめる子

「一緒に遊ぼう」と言って、いざ一緒に遊んでいると「やっぱりやめた」と言って遊びから抜けていく子ども。自分から誘っておいて、どうして自分から抜けていくのでしょうか。

背景1

違う遊びをしたくなった

背景2

遊びたくない友達がいる

背景3

やることを思い出した

背景α

他の原因があるかもしれません。考えてみましょう

背景に気づく教師の（眼）「外遊びと中遊び」

小学校生活がスタートした一年生は、遊びや遊び場所が固定化しにくい時期でもあります。どこでどんな遊びができるか把握していないからです。先週は運動場で縄跳びをしていたけど、今週は遊具で遊ぶというように遊びや友だちもどんどん変わっていきます。教師も見る場所を固定化させず、流動的に観察するようにしましょう。

背景1

違う遊びをしたくなった

「一緒に遊ぼう」と声をかけるのは、一緒に遊びたいと思ったからでしょう。でも、休み時間には、いろいろなところで、いろいろな遊びをしている人がいます。目に入ると、あれもしたい、これもしたいとなるような誘惑が多いと捉えることもできます。遊んでいる最中に、やっぱり○○をしたくなった、ということで遊びから抜けていくことは、一年生では十分に考えられることです。

対応

一緒に同じ遊びを楽しむという行動は、成長を経てできるようになっていく行動です。

一人遊びや同じ空間での一人遊び（並行遊び）を経て、少しずつ一緒に遊ぶようになっていきます。協力して遊ぶことに慣れていなければ、遊びの中で役割分担をしたり、同じ目的意識を持ったりして遊ぶことは困難です。これまでの遊びの経験も影響しているということです。一緒に活動する機会を意識的に増やしていくとよいでしょう。

背景2 遊びたくない友達がいる

遊び場に行き、楽しく遊んでいると、あまり仲の良くない友だちが入ってくることもあります。単純に一緒に遊びたくないからという理由で、遊びから抜けていく子どももいるのではないでしょうか。

対応

トラブルを避けるために、自分から距離をとっているのかもしれません。でもその行動があからさまになると、トラブルの原因になりかねません。**相手に嫌な思いをさせない関わり方が必要ですね。**

背景3 やることを思い出した

いざ遊びはじめてから、何かをきっかけに、本を返しに行かないといけなかった、先生に渡すものがあった、係活動の約束をしていたなど、やらなければならないことを思い出して抜けることもあるでしょう。

対応

やるべきことを思い出し、そちらを優先させることは大切なことです。遊びの誘惑に負けずに行動できるところは素晴らしいです。でも、**抜けるときには友だちに説明をしてからにしてほしいですね。**

25

少しの怪我でも報告に来る子

大人ならたいしたことのないと思う怪我でも、先生に報告に来る子どもがいます。ちょっとした身体の変化に気づけることはすごいことですが、どうして報告に来るのでしょうか。

背景1

甘えたい

背景2

報告することがよいと思っている

背景3

心配性

背景α

他の原因があるかもしれません。考えてみましょう

背景に気づく教師の眼 「怪我」

朝の様子を観察していると、昨日はなかった怪我に気づくことがあります。それは、放課後遊んでいるときの怪我、習い事でできた怪我、家庭でできた怪我、背景は様々です。首から上の怪我やあざがある場合は、虐待の可能性も視野にいれなければなりません。普段から変化に気づいたら、声をかけるようにしておくとよいです。

背景1　甘えたい

先生に落ち着いた状態で、怪我や身体の変化を報告できるということは、それほどたいしたことはありません。少し皮がめくれている、軽くぶつけたということでも報告に来ますよね。怪我をしているから心配してもらえる、そのことで優しくしてもらえるというように、かまってほしいから、わざわざ報告に来ているのかもしれません。そこには、甘えたい、可愛がってほしい、先生と関わりたいという感情が表れているのかもしれませんね。

対応

まずはしっかりと話を聞いてあげましょう。何でも保健室へ、とはせずに、**安心させるような声かけをするとよいでしょう。**件数が多いがために、忙しいときには雑な対応になってしまいます。そういうときに、大きな怪我が紛れ込んでいるかもしれないので、丁寧な判断を意識するとよいでしょう。また、保護者が過保護であったり、放任であったりする可能性もあるので、保護者と子どもの関係性にも目を向けてみましょう。

背景2　報告することがよいと思っている

友だちが怪我をした場合、自分ではなく友だちが報告に来る場合があります。先生に報告することで褒められた経験から、少しの怪我でも先生に報告しなければと思うようになっていくのでしょう。

対応

報告に来てくれたことは褒めつつも、自分のことは自分で報告することの大切さも伝えましょう。**友だちの報告の場合、意外と本人は大丈夫と言っている場合が多いですからね。**

背景3　心配性

大人でもいつもと身体の様子が違うと、心配してしまうことがありますよね。でもそれを他言せず、様子を見ることができます。一年生は、様子を見る経験が少なく、心配のあまり、伝えているのでしょう。

対応

話を聞いて落ち着かせてあげるといいでしょう。それでも心配していることが多いので、**時間を空けて何度か様子を見てあげることで、不安は解消されていくはずです。**

26

椅子に座っている先生の上に、座りに来る子

子どもと話をしながら休み時間を過ごすことも多いでしょう。椅子に座って話していると、その上に乗っかってくる子どもがいますよね。どうしてそんなに接近してくるのでしょうか。

背景1

親との関係性は大丈夫？

背景2

言葉でのやりとりが苦手

背景3

独占欲が強い

背景α

他の原因があるかもしれません。考えてみましょう

背景に気づく教師の眼「参観日の休み時間」

学校で子どもと保護者が触れ合っている様子を観察することができる貴重な時間です。一年生では友だちに見られているという感覚はそれほどなく、普段の親子関係を見ることができます。授業前は緊張し、授業後はホッとしているかもしれませんが、この時間に得られる情報はとても貴重です。是非意識して観察してみましょう。

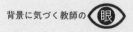

背景1　親との関係性は大丈夫？

幼い子どもの場合、手をつないだり、抱きついたりすることはよくあります。幼児期を思い出すとよいでしょう。でも、小学生になると親への関わり方と先生との関わり方を区別して関わる子どもが増えてきます。それでも子どもが先生との接触を求めるのには、何か背景があるはずです。幼いころから家庭で甘えることができなかった、虐待、両親や養育者への不安や不満など、愛着に関する課題があるのかもしれません。

対応

子どもが自分に親しみを持って接してくれていると思い、嬉しくなる気持ちはわかりますが、そこはしっかりと区別しなければなりません。家庭の状況を直接子どもに聞くのは難しいので、身なりや持ち物、生活態度などをよく観察してみましょう。また、**参観日の休み時間のお互いの関わり方なども参考になるでしょう。**日々の生活の中で、声かけを多くするなど関わり方の工夫も必要です。

背景2 言葉でのやりとりが苦手

気になる人にいたずらをしてしまうような感覚です。自分の方を向いてほしいけど、言葉で上手くコミュニケーションをとることができず、身体が動いてしまっているのかもしれません。

対応

言葉を使ってコミュニケーションをとることを学習させましょう。自分の上に座る前に、教師が立って座れないようにし、こちらから話しかけるという方法もとれるのではないでしょうか。

背景3 独占欲が強い

先生の周りには、たくさんの子どもが集まっているけど、自分のことをもっと見てほしい、関わってほしいという思いが強く、独占したいという思いから膝の上に座る子どももいるのではないでしょうか。

対応

この場合、友だちに対しても独占欲が働きます。他の子どもに対して嫉妬したり、支配したりという行動が出るかもしれません。**発する言葉や行動にも注目して観察するようにしましょう。**

27

注意してもすぐに上靴のかかとを踏んでいる子

授業中や休み時間、上靴のかかと部分を踏みながら生活をしている子ども。繰り返し指導はするものの、そもそもどうしてかかと部分を踏んでいるのか考えたことはありますか。

背景１

上靴が小さい

背景２

裸足が落ち着く

背景３

授業に退屈している

背景α

他の原因があるかもしれません。考えてみましょう

背景に気づく教師の眼「上靴」

上靴を持って帰るタイミングは、学校で指示しなければ家庭の判断によります。毎週持って帰る子、月に一回持って帰る子、全く持って帰らない子、ここでも情報を得ることができます。また下校後の靴箱からも、子どもの様子を知ることができます。きちんと並べている子、片方落ちている子、ひっくり返っている子、様々です。

背景1　上靴が小さい

上靴のかかとを踏んでいると、緊急時に逃げ遅れたり、自分の転倒で友だちの避難を遅らせてしまったりするかもしれないという理由で指導をしている先生もいるのではないでしょうか。子どもの成長は速く、足もどんどん大きくなっていきます。親が、子どもの上靴を履いている姿をあまり目にすることがないことから、上靴が小さくなっていることに気づいていないのではないでしょうか。きつくて履けないという状態です。

対応

理由を考えずに、履きなさいという指導をしてしまいがちです。でも、実はこのような理由があるのかもしれません。履きなさいと言って終わりではなく、**履いているときの様子を観察していると、きつそうにしている様子に気づけます**。何らかの方法で保護者へ伝える必要があるでしょう。学校で保管し、使用する持ち物同様、上靴の状況も保護者は把握しづらいものですからね。

背景2 裸足が落ち着く

家庭では、ほとんどの時間を裸足で生活しているのではないでしょうか。靴を脱いだ方がリラックスできるということから、自然と靴を脱いで椅子に座っているのかもしれませんね。

対応

教室がリラックスできる空間になっていることはいいことです。授業の中で、立ったり、歩いたりする活動を取り入れることで、靴を脱がずに授業を受け続ける子どももいるでしょう。

背景3 授業に退屈している

リラックスではなく、退屈していることも考えられます。授業がわからない、面白くないという理由から靴を脱いでいる子どももいるのではないでしょうか。手遊びをしたり、姿勢が乱れたりしていませんか。

対応

この場合、**上靴だけではなく、反応や姿勢の乱れなどにも変化が見られます。**自分の授業に原因があるという視点を持つことは教師にとって重要です。楽しく学べる授業づくりに取り組みましょう。

28

机の中がすぐにぐちゃぐちゃになる子

子どもの椅子に座ってみると、引き出しが入り切っていない、教科書やノートがはみ出している子どもがいることに気づきます。机の中がぐちゃぐちゃになるのはどうしてなのでしょう。

背景1

生活環境の変化についていけていない

背景2

先生が整理整頓できていない

背景3

見られたくないものは隠す

背景α

他の原因があるかもしれません。考えてみましょう

背景に気づく教師の眼「子どもの椅子に座る」

黒板の前に立ち、子どもと向かい合ったままでは気づかずに、子どもの椅子に座って気づくことがあります。引き出しもそうですが、端の方からは黒板が見にくかったり、注意をそらすものが多く掲示されていたり、教卓の上のPCで黒板が見えなかったりします。様々な位置の子どもの椅子に座り教室を観察してみましょう。

背景1

生活環境の変化についていけていない

小学校に入学すると、自分で管理するものの数が、幼児期に比べ圧倒的に増えます。中でも教科書やノート、プリントを使用する機会はこれまでなかった子どもが多いのではないでしょうか。引き出しのたくさんあるノートの中から、一冊を選び出すのもはじめは一苦労です。小学校で生活をしていると、これらの行動は当たり前のように感じてしまいますが、入学後の子どもには、これらの生活に適応する時間が必要です。

対応

環境に適応する時間に個人差があるのは言うまでもありません。整理整頓の仕方を丁寧に説明することは大切です。さらに、区別のつきやすいノートを選んだり、プリントを準備するときに、本当に必要なプリントなのか厳選したり、紙媒体から電子媒体へと変換したりすることも必要でしょう。また、**整理整頓の時間を確保することは効果的**で、繰り返し行うことで「きれいです」という言葉が聞こえてくるようになります。

背景2 先生が整理整頓できていない

回収物やクラスで使用する文房具等、教師は管理するものが多くなります。子どもがいつも目にする教室や教師の机の上や周りがどのようになっているか、今一度確認してみましょう。

対応

物が増える原因の一つに「一応置いておこう」という考えがあるのではないでしょうか。プリントは電子化するとスペースは取りません。でも、PCのデータ管理にも課題があるかもしれませんね。

背景3 見られたくないものは隠す

子どもにとって都合の悪いことやものは隠したくなります。友だちに見られたくない、説明を聞きたくない、親のことを考えたくないなど、嫌なことを机の奥へと追いやっているのかもしれません。

対応

都合の悪いことはテストの点数だけとは限りません。**参観の案内や保護者へのお願いなど、家庭環境が影響するものかもしれません。**プリントを配付する際に、子どもをイメージしてみましょう。

29

誰かと一緒にトイレに行きたがる子

休み時間の子どもの様子を観察していると、いつも同じ子どもとトイレに向かっている子どもがいることに気づきます。偶然なのか、何か背景があるのか、どちらなのでしょうか。

背景1

トイレが怖い

背景2

一人で行動することが不安

背景3

聞かれたくない話をしたい

背景α

他の原因があるかもしれません。考えてみましょう

背景に気づく教師の眼「手洗い場」

トイレを済ませた後や、休み時間の後に使う手洗い場。子どもは手を洗いながら、日常会話を続けています。教師もそこで手を洗えば、子ども同士の普段の会話を自然と耳にすることができます。休み時間に教師を含めて会話をすることはあっても、子どもだけがしている会話を耳にする機会って実はあまりありませんよね。

背景1　トイレが怖い

トイレは閉鎖的な空間です。個室に入ると一人ぼっちになります。その閉鎖的な空間に恐怖心を覚える子どもは少なくありません。幼稚園のトイレを思い浮かべてみると、壁紙に明るい色を使ったり、楽しそうな掲示物を掲示したりしている園があります。トイレへの恐怖心を和らげる効果もねらっているからです。一年生でも、まだまだ一人でトイレに行くのが怖い子どもがいるかもしれませんね。

対応

高学年の担任をすると、友だちとトイレにいってこそこそしている様子が気になります。でも、**一年生の場合は、このような背景があるかもしれません**。休み時間はトイレに行ってもいい時間であることを説明するだけではなく、休み時間のうちに済ませておくように全体に声かけをすることで、トイレに向かう子どもが増えます。月日が経ち、学校生活に慣れてくると、このような行動は見られなくなるでしょう。

背景2　一人で行動することが不安

学校生活に慣れていないうちは一人で行動することを不安に思っている子どもも多いでしょう。トイレで用を足すときは一人になり、しかも周りには知らない子どもがいます。不安になりますよね。

対応

授業中のグループ活動や休み時間の過ごし方なども観察してみましょう。新たな環境に慣れるために、人と関わる活動を通して、**学級を安心して過ごせる空間にしてあげるとよいでしょう。**

背景3　聞かれたくない話をしたい

閉鎖的な空間を利用して、他の友だちには見られたくないことや、聞かれたくない話をする場合もあるでしょう。友だちに本音を漏らし、気を緩めることができる空間になっているのでしょう。

対応

授業がわからなかったり、集中したいのにうるさくて集中できなかったり、家庭での悩みがあったり、何かに困っているのかもしれません。トイレに行く前の様子も観察してみましょう。

30

体操服に着替えるのがいつも早い子

体育の時間の前には体操服に着替えますが、いつも同じ子どもが、すぐに着替えを済ませて活動場所に表れます。さっと着替えを済ませていることにも何か理由があるのかもしれません。

背景１

身体を見られたくない

背景２

身体を見られるのが恥ずかしい

背景３

体育の準備を手伝いたい

背景α

他の原因があるかもしれません。考えてみましょう

背景に気づく教師の眼「着替え」

洋服の下には、虐待でつけられた傷が隠されているかもしれません。更衣中なのでじっくり観察するわけにはいきませんが、気になる子どもがいる場合には、意識して観察しなければなりません。児童虐待防止法にも記述されているように、教師は虐待を発見しやすい立場にあることを自覚して早期発見に努めましょう。

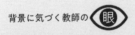

背景1　身体を見られたくない

着替えを行うときには、普段は洋服で隠されている身体の部位を表出させることになります。身体の部位で見られたくない部位があり、それを隠すために一番に更衣室に行き、さっと着替えているのかもしれません。家庭内暴力でつけられた傷は、友だちに見られて理由を聞かれたときに、答えにくいこともあり、隠したくなります。見られたくないという気持ちにも、様々な理由があることを認識しておきましょう。

対応

体操服に着替えるのは、授業前だけではなく、授業後もあります。また、身体測定のときなども着替えます。どうしても着替えたくない場合は、見学を選択するかもしれません。それらの様子を観察するとよいでしょう。また、水泳の授業では、水着での活動になるため、肌の露出が増えます。**家庭での生活が気になる子どもがいる場合には、そういった視点も持って、子どもを観察するとよいでしょう。**

背景2 身体を見られるのが恥ずかしい

家庭内暴力でつけられた傷以外にも、人には見られたくない部位があったり、そもそも人前で着替えるのを恥ずかしがったりする子どももいます。見られたくないからゆっくり着替える場合もあるでしょう。

対応

着替えを人に見られないためには、早く済ませるだけではなく、遅く着替える方法もあります。**いつも活動場所への移動が遅い子どもにも理由があるかもしれないという視点も持っておきましょう。**

背景3 体育の準備を手伝いたい

単純に体育が好きで、少しでも長く運動をしたいという場合もあります。活動場所に早く行き、準備を手伝いたい。さらには、準備を早く済ませ、すぐにでも活動をしたい、嬉しいことですよね。

対応

この意欲は是非、生かしてあげたいですよね。**活躍している場面を評価し、学級に広め、意欲的な集団づくりにつなげましょう。**急ぎすぎての怪我には気をつけなければなりませんね。

31

映画や本の結末をすぐに話そうとする子

映画や本のストーリーや結末、ゲームの攻略の仕方など、一気に最後まで話そうとする子どもがいます。聞きたくない子どももいる中で、どうして、話してしまうのでしょうか。

背景1

相手のことを考えずに話してしまう

背景2

知っていることをアピール

背景3

楽しさを共有したい

背景α

他の原因があるかもしれません。考えてみましょう

背景に気づく教師の眼「会話中の様子」

複数人で話をしているときは、自分が話したいことを話せない時間があります。そんなとき、相手の話をどんな様子で聞いているか観察してみてください。知らない話や興味のない話でも、興味深そうに聞いている子もいれば、その場を離れていく子もいます。話の内容からだけではなく、会話中の様子からも情報を得られますよ。

背景1

相手のことを考えずに話してしまう

自分から進んで話をする子もいれば、こちらから声をかけないと話をしようとしない子もいます。映画や本の結末を話す子どもは、多くの場合、自分から進んで話をする子どもでしょう。周りの状況をあまり考えずに、自分が話したいことを自分のペースで話し出すという具合でしょう。誰かと会話を楽しみたいというよりも、自分の話したいことを話して満足しているのかもしれません。

対応

子どもの話を聞くことは大切です。会話をすることは子どもとの関係づくりに必要です。でも教師は多くの子どもと関わらなければなりません。休み時間にはたくさんの子どもが話をしに来ることも多いでしょう。誰かと会話をしているにも関わらず、自分が話したいがために、話しはじめる子どもには、**今は誰と話しているから、ときちんと伝えて、人の話を聞く、話すタイミングを待つことも学習させなければなりません。**

背景2 知っていることをアピール

映画や本の結末のみならず、自分の知っている知識を披露したがる子どもは多いです。自分が知っていることを相手にアピールして一目置かれたいという気持ちがどこかにあるのかもしれません。

対応

何も言わなければ、話し続けるだろうと予測し、ストーリーや結末を言わないように声をかける必要があります。**子どもの言動を予測することは、子どもの困り感に気づく力を養えますよ。**

背景3 楽しさを共有したい

共通の話題を持っていると、その子との距離が一気に近くなります。それが楽しかったことや、自分の好きなことの場合はなおさらです。誰かと共有したいという思いが強いのかもしれません。

対応

一部の人しか知らない話を何人かの前で話す子どもがいます。周りで話を聞いている子どもの様子を観察しながら聞いてみましょう。退屈しているようであれば、話題を広げる工夫が必要ですね。

32

給食でとにかくおかわりをしたがる子

欠席者がいたり、給食を減らしたりする子どもがいる場合には、配膳後に必ず給食が残ります。そんなとき、いつもおかわりをする子どもがいます。ただ食べたいだけなのでしょうか。

背景1

家であまり食べさせてもらえない

背景2

朝ご飯を食べてきていない

背景3

目立ちたい

背景α

他の原因があるかもしれません。考えてみましょう

背景に気づく教師の眼「給食中」

給食中は子どもの様々な姿が窺えます。一粒残さずきれいに食べる子どももいれば、食器にご飯粒やおかずが残ったまま片付ける子どももいます。嫌いな食べ物があっても、残さず我慢して食べ続ける子ども、はじめから量を減らす子どもなど様々です。一人一人の様子を観察し、その子に応じた価値づけや評価をするとよいです。

背景1　家であまり食べさせてもらえない

朝ご飯と晩御飯は家庭でとり、給食のみが家庭以外でとる食事です。朝ご飯を食べていても、帰宅後の間食や晩御飯をあまり食べさせてもらえないことがわかっている場合、給食でとにかくたくさん食べておこうと思いますよね。お腹が空いているからというよりも、これからの空腹に備えて、とれるうちにとれる分だけとっておこうという考え方です。いつもおかわりをしている子どもには、そのような子どもがいるかもしれません。

対応

このような場合、給食時間中以外にも、家庭での生活の様子が窺える場面があります。学習に必要な鉛筆や消しゴム、ノートなどの学習用具はどのような状態でしょうか。カバンの中や給食エプロン、体操服などの持ち物は綺麗にされているでしょうか。それらの持ち物なども観察し、**様子が著しくおかしい場合には、一人で悩まずに学年主任や管理職に相談するようにしましょう。**

背景2　**朝ご飯を食べてきていない**

給食はお昼に食べます。朝ご飯を食べてきていなければ、当然給食のときには、お腹が空いた状態です。空腹を満たすためにも、とにかくおかわりをしている子どももいるでしょう。

対応

朝ご飯を食べていない原因には、寝坊という本人の原因、**用意をしてもらえないという家庭の原因などがあります**。子どもから話を聞き、どのように対応すべきか考えましょう。

背景3　**目立ちたい**

たくさん食べられることに、価値づけがされているのでしょう。みんなから、そんなに食べられるの、と思われたい、おかわりに行く行動で、注目を集めたいという思いがあるのかもしれません。

対応

おかわりをすることに価値づけがされがちですが、苦手な食べ物を我慢して食べている子ども、行儀よく食べている子ども、一人一人の行動をよく観察し**様々な視点から価値づけを行いましょう。**

33

給食でおかわりをしたのに、食べきれない子

おかわりをする際、大量のごはんやおかずを盛り付ける子どもがいます。食べきれるのか心配していると案の定食べきれないようです。どうして食べきれないのか考えてみましょう。

背景１

調子に乗って増やしすぎた

背景２

嫌いなものが入っていた

背景３

飲み物がなくなった

背景α

他の原因があるかもしれません。考えてみましょう

背景に気づく教師の眼「給食の環境」

幼児期に経験してきた環境と小学校での環境との違いは様々なところで見られますが、給食の環境も変わります。そのことに戸惑い、給食がネックとなり登校を渋ることも多々あります。配膳前、配膳中、喫食中、喫食後の様子など、一人一人を丁寧に観察するとともに、優しく声かけをすることが重要な活動の一つです。

背景1

調子に乗って増やしすぎた

最も多い理由は、おかわりをする際には食べきれると思っていたが、いざ食べはじめるとお腹がいっぱいになってしまったという場合でしょう。こういう子どもは、たくさんおかわりをして食べることに価値づけがされているため、その場の雰囲気で多く盛り付けてしまうのでしょう。周りの子どもが、たくさん盛り付けられた食器を見て、驚くという具合に、注目を集めたいという思いもあるのかもしれません。

対応

給食は、一人当たりの量を計算して作られています。配膳する際には、全てがなくなるように配膳するのが基本です。でも、スープのような一人当たりの数が決められていない場合、一年生にはかなり難しい作業になります。目安とする量を見本として横に置き、配膳させたり、たくさん残った場合には、食べはじめる前に、増やしたりするなどして、**できるだけ偏りなく配膳する工夫をしましょう。**

背景2　嫌いなものが入っていた

一人当たりの数が決まっていない給食の場合、はじめに配膳された食器の中に全ての食材が入っているとは限りません。おかわりした際に、嫌いな食材が入っているということもありますね。

対応

どうして食べきれなくなっているのかしっかりと話を聞き、どうするか考えさせましょう。献立表を確認したり、焦らず落ち着いておかわりしたりするような声かけはしましょう。

背景3　飲み物がなくなった

飲み物がないと、食べ物が喉を通りにくくなります。ごはんやおかずをおかわりしたが、飲み物が足りなくなり、喉を通すのが苦しくて、食べにくくなっているのかもしれません。

対応

牛乳を飲み切っているのであれば、家庭から持ってきている水筒を確認させせましょう。給食中の飲み物は、牛乳しかいけないと思っている子どもがいるかもしれません。

34

黒板掃除をやりたがる子

自分たちが使っている教室や廊下などを分担して、きれいにする活動ですが、黒板掃除ばかりをやりたがる子どもがいます。どうして黒板掃除をやりたがるのでしょうか。

背景1

黒板や先生への憧れが強い

背景2

先生の近くで活動したい

背景3

他の掃除をしたくない

背景α

他の原因があるかもしれません。考えてみましょう

背景に気づく教師の眼「清掃中」

清掃は基本的には個々の活動になるため、丁寧に観察しなければなりません。たくさん集まったゴミや汚れた雑巾など、これだけ綺麗になったと自分からアピールする子どももいれば、何も言わずに黙々と丁寧に仕事をこなす職人タイプの子どももいます。多くの子どもを褒めて回ろうとすると、子どもの様子がよくわかりますよ。

背景1

黒板や先生への憧れが強い

小学校の授業というと、黒板を使っての一斉指導の場面を思い浮かべる子どもが多いのではないでしょうか。小学校に入学して、勉強を頑張りたいと思っている子どもも多いです。また、先生への憧れもあるのかもしれません。授業中は黒板に触れる機会があまりありませんが、掃除の時間には、黒板に触れることができるため、黒板掃除をやりたがっているのでしょう。黒板に字を書きたがるのも同様ですね。

対応

このような子どもは少なくありません。ずっと同じ子どもがやっていると不公平感も生まれます。また、一年生のうちに様々な清掃場所を掃除しておくことは、掃除の仕方や清掃用具の使い方を学ぶことにもなります。ほうきの正しい使い方を知らない、中学年や高学年を目にすることもあります。**自分が使っている様々な場所をきれいにするということを子どもにも意識させて取り組ませるようにしましょう。**

背景2 先生の近くで活動したい

先生も掃除をしながら、清掃指導をしたり、子どもを観察したりしますが、教卓の近くにいることが多いのではないでしょうか。黒板にいると先生が近くに来てくれると思っているのかもしれませんね。

対応

清掃中はそれぞれの場所で活動をしているため、子どもの様子を観察しようとすると、動き回らなければなりません。**たくさんの子どもを褒めて回るという意識でいるとよいでしょう。**

背景3 他の掃除をしたくない

黒板は、書かれている文字が黒板消しで消えるため、掃除をしたということがわかりやすいです。達成感を容易に味わえることから、黒板掃除をやりたがっているのかもしれません。

対応

子どもは目新しいものや新品には目がありません。ほうきや雑巾など用具を新しいものに変えるだけで、掃除への意欲が高まります。あえて、清掃中に新しいものに交換してみてはいかがですか。

35

ランドセルをとりにいったが、なかなか戻って来ない子

下校前には、帰りの支度をします。荷物をロッカーにとりにいったまま席に戻らない子どもがいます。支度が終わっている子どももいる中で、どうして席に戻らないのでしょうか。

背景1

友だちにちょっかいを出されて戻れない

背景2

友だちと遊びたい

背景3

整理整頓が苦手

背景α

他の原因があるかもしれません。考えてみましょう

背景に気づく教師の眼「帰りの支度」

下校前のばたばたした時間でもありますが、落ち着いて下校させるためにも、支度中の様子を観察してみましょう。素早く支度を終わらせる子、友だちと遊んでいる子、忘れ物を届けてくれている子、荷物を整頓している子など様々な様子を伺うことができます。そういうところも子どもを褒めることができるポイントになります。

背景1　友だちにちょっかいを出されて戻れない

荷物をとりにいって、なかなか席に戻ってこないことを、「席に戻らない」と捉えがちですが、「席に戻れない」こともあるかもしれません。はじめは遊び感覚で友だちと関わっていたことが、エスカレートしてちょっかいを出されたり、何かをされたりして戻れないという場合もあります。戻らないといけないけど戻れない、と本人は焦ったり、困ったりしているかもしれませんよ。

対応

席に戻っていないことだけを見て、判断するのではなく、**席を立ってから子どもがどのような動きをしているのかも観察するようにしましょう**。また、人が多くなると混み合って身動きもとりにくくなり、トラブルも起きやすくなります。特に一年生はまだ、周りの状況を把握し、判断することが難しいので、時間差をつけて荷物をとりにいかせるような工夫も必要になってくるでしょう。

背景2　友だちと遊びたい

下校後には、習い事がある子どもも増えています。放課後、友だちと遊べないがために、帰りの支度の時間を、最後の休み時間のような認識で、友だちと関わっているのかもしれませんね。

対応

席に戻っていないその子どもの状況だけで判断せずに、全体の様子や学校で定められている下校時刻との兼ね合いなど、**広い視野で物事を考えるようにするとよいでしょう。**

背景3　整理整頓が苦手

ランドセルなど自分の荷物を入れているロッカーの前で、荷物を広げてしまっている子どももいます。小学校生活に慣れておらず、学校で使用する物を上手く整理整頓できていないのかもしれませんね。

対応

何が必要で何が不必要なのかがわからないと整理ができないので、はじめのうちは**整理をする時間を確保して、丁寧に説明をしながら、みんなで整理をすることを学習するとよいでしょう。**

【著者紹介】

山崎　雅史（やまさき　まさし）

園田学園女子大学 人間教育学部 児童教育学科 准教授。

1979年鹿児島県で生まれ，大阪で育つ。

横浜国立大学教育学部小学校教員養成課程体育専攻卒業　学士（教育），大阪大学大学院人間科学研究科修了　修士（人間科学）。

大阪府公立小学校教諭，在カラチ日本国総領事館付属日本人学校教諭，豊中市教育委員会指導主事，大阪教育大学附属池田小学校指導教諭として勤務。大阪教育大学附属池田小学校では学校安全主任として安全管理や安全教育の推進に取り組む。

2022年４月より現職。専門は体育科教育・安全教育。

〈主著〉

『すべての教師が知っておきたい体育授業のヒヤリハット　今すぐできる予防スキル80』（単著，明治図書出版）

『『365日の全授業』DX 小学校体育』，『学習カードでよくわかる365日の全授業　小学校体育』１～６年全６巻，『安全と見栄えを両立する！新「組体操」絶対成功の指導 BOOK』

（以上共著，明治図書出版）

［本文イラスト］よつば舎 あべみちこ

小学１年生はなぜ椅子でシーソーをするのか
行動の背景から読み解く対応術

2024年３月初版第１刷刊 ©著　者　山崎雅史
発行者　藤原光政
発行所　明治図書出版株式会社
http://www.meijitosho.co.jp
（企画）木村　悠（校正）川上　萌
〒114-0023　東京都北区滝野川7-46-1
振替00160-5-151318　電話03（5907）6703
ご注文窓口　電話03（5907）6668

＊検印省略　組版所 株式会社アイデスク

Printed in Japan　ISBN978-4-18-312016-8